马克思研究丛书之八

马克思的家族发展过程

（德）亨利希·库诺 著
朱应祺 朱应会 译

中央编译出版社
CCTP Central Compilation & Translation Press

图书在版编目 (CIP) 数据

马克思的家族发展过程 / (德) 亨利希・库诺著；朱应祺，朱应会译 .-- 北京：中央编译出版社，2022.5
(马克思研究丛书)
ISBN 978-7-5117-4037-3

I. ①马… II. ①亨… ②朱… ③朱… III. ①马克思 (Marx, Karl 1818-1883) —家族—研究 IV. ① A715 ② K835.160.9

中国版本图书馆 CIP 数据核字 (2021) 第 226452 号

马克思的家族发展过程

责任编辑	张　科
责任印制	刘　慧
出版发行	中央编译出版社
地　　址	北京市海淀区北四环西路 69 号 (100080)
电　　话	(010) 55627391 (总编室)　(010) 55627362 (编辑室) (010) 55627320 (发行部)　(010) 55627377 (新技术部)
经　　销	全国新华书店
印　　刷	北京文昌阁彩色印刷有限责任公司
开　　本	710 毫米 ×1000 毫米 1/16
字　　数	49 千字
印　　张	9.5
版　　次	2022 年 5 月第 1 版
印　　次	2022 年 5 月第 1 次印刷
定　　价	2888.00 元 (全 9 册)

新浪微博： @ 中央编译出版社　　**微　信：** 中央编译出版社 (ID：cctphome)
淘宝店铺： 中央编译出版社直销店 (http://shop108367160.taobao.com) (010) 55627331

本社常年法律顾问：北京市吴栾赵阎律师事务所律师　闫军　梁勤
凡有印装质量问题，本社负责调换，电话：(010) 55626985

馬克斯研究叢書之八

馬克斯的家族發展過程

朱應祺
朱應會　合譯

上海
泰東圖書局印行
1930

柯諾原著

朱應祺 會合譯

馬克斯的家族發展過程

上海泰東圖書局版

一九三〇年六月初版
印數一至一五〇〇冊

定價五角
函購寄費加一

◀本局無線電報掛號一一四〇〇號▶

馬克斯的家族發展過程總目

馬克斯的家族發展過程細目

第一章 家族的發生

據馬克斯和恩格斯的見解原始的羣居狀態最初是遷徙無定的遊牧羣——在羣居狀態中漸次構成家族形態結果才發生今日的一夫一婦制度——小遊牧羣中的性交是完全自由的並且是無限制的——從這種無限制的性交原始狀態因禁止尊屬和卑屬血族間的性交就發生了血族團體（一種家

族狀態）——恩格斯在他的著作「家族私有財產及國家的起源」上所表現的見解——這種家族形態今日早已絕跡了——普納魯亞（Punalua）家族的發生——恩格斯對於普納魯亞家族的意見——血族家族和普納魯亞家族內部的性交是集合團體而實行的——配偶家族的發生——父族制家族的發生——一夫一婦制家族的發生——一夫一婦制的家族並非個人戀愛的自然結果乃是經濟條件的結果

第二章　摩爾根和恩格斯的家族構成概念的批評

恩格斯的家族發展的意見無論從馬克斯主義方面或從反馬克斯主義方面都有批評的餘地——這是馬克斯學說上

最大的弱點——恩格斯的意見是根據摩爾根而來的——摩爾根著的『易洛魁(Irokesen)同盟』和『人類家族之血族和姻族的體系』——摩爾根連親族體系的意義都沒有了解——摩爾根的親族稱呼法的研究——摩爾根著的『古代社會』說明家族原始發展階段——摩爾根的研究以夏威夷人散得維齒人的親族體系爲出發點——夏威夷的親族稱呼法是團體的名稱——摩爾根從這種團體名稱簡單的證明了團體的婚姻——摩爾根的家族構成意見是根據原始諸民族親族稱呼法的指示而來的——這指示的謬誤——摩爾根以爲『父親』這個名詞就是和『生殖者』同一意義——對於他這種見解的反駁——父親雖說一時不明瞭是何人但母親的實在

却是很明白的——爲什麼野蠻人不止叫一個女人做母親呢——摩爾根在不明白誰是眞正的父親的時候發見稱呼方法分類的固有原因——但這種分類的原因也沒有什麼證據——反之野蠻民族所用的父母祖父兄弟姊妹子女等的稱呼從人種學上看來明明是和摩爾根的說明相矛盾——例證——摩爾根的假說只能說明親族稱呼法的一部分而不能說明其他部分

第三章　原始的家族形態

自十五人至二十人組織而成的遊牧羣他們都是不顧及血族關係而實行自由無限制的性交——但所謂無限制並非

說一個男子今日和這女子交媾而明日又和那女子交媾的意味——各種性的特質和男女的分業——所謂特定婚姻是一種弛緩的性的結合摩爾根叫他爲配偶婚姻——特定婚姻發生之後遊牧羣中就跟着發生一定的年齡階級或世代階級——遊牧羣內部各年齡階段或各世代階段間禁止性交是家族歷史上最大的進步——卽今日最野蠻的民族都已經脫却了這種家族發展階段——野蠻民族的三種世代階段——未成年階段成年階段老年階段——經過一定的儀式和審查之後才從青年世代昇進老年世代——禁止某一世代的人和其他一世代的人結婚是怎樣發生的呢——親族因年齡關係而分爲三種階段——這時候還沒有姻戚關係的稱呼——從這

種世代階段就發生親族稱呼法的分類——摩爾根主張夏威夷人的親族稱呼法和他的親族家族的親族關係相吻合是不對的——其理由的敍述

第四章　族外婚姻和特定婚姻

家族發展更進一步後又於同一羣內同一世代階段的構成員間也禁止互相結婚——族外婚姻的發生——許多人種學者關於這種禁止理由的見解——柯諾氏的見解——特定婚姻的安定和從其他遊牧羣掠奪女子的習慣——從他種遊牧羣所掠奪的女子完全是男子的所有物可以自由處分她——同一遊牧羣內部的人都是同種同性情因此內部互相結

婚遂變爲不道德的行爲——這種觀念成立之後性交範圍就同時縮小而結婚禁止的範圍到反擴大——因此由結婚而結合的範圍也擴大了——和這種範圍相適應的親族關係和親族稱呼法——從這些稱呼法又發生摩爾根所謂變化無窮的稱呼法——族外婚姻的結果就確定了特定婚姻

第五章　符號團體和母系家族的發生

血族團體也是從族外婚姻發生的——民族學上叫他做『符號團體』『符號家族』或『符號氏族』——血統以女系爲標準——血統的標準和尊敬母及母系近親族互相關聯——恩格斯說明這種習慣的起源——從恩格斯著『家族的

起源』裏面引用的一節——古時幾多人種學者和原始史家都和恩格斯同一見解——對於恩格斯見解的批評——原始遊牧羣中血統問題是不關緊要的——那時候並無家族的名稱和符號團體的名稱——女子的掠奪和交換變了習慣之後單只傳統的遊牧羣名稱就不够用了——性質名稱的發生——所謂符號動物——最初符號動物不受團體的尊敬——符號名稱和母系親族間性的結合的禁止——族外婚姻和婦人的從屬地位——恩格斯的『家族的起源』上面的見解和他的誤謬

第六章　母族制家族

許多原始民族的婦人所以受社會的尊敬完全是由於婦人在家族團體和定住團體內的勞動活動——許多人種學者和文明史家他們縱然不根據唯物史觀但也明瞭的認識了家族形態和結婚形態是跟着經濟的發展而變化的——亞當法格孫和李伯特的見解——李伯特著『家族的歷史』上的見解——格羅斯(Ernst Grosse)的見解和他著的『家族形態和經濟形態』上的引用文——柯諾氏在『新時代』(Neue Zeit)雜誌上發表一論文名『母族支配的經濟基礎』想證明澳大利亞大洋洲和美洲諸民族內婦人地位的高低和她們的勞動活動有極密切的關聯性——從該論文中所引用的一段結論——只有幾個人種學者把母權和母族制當做血統標準的單純的

結果——母權支配和家族結合的密切性差不多沒有關係　恩格斯觀察母權的結婚關係和家族關係時不把母權支配當做由一定社會生活事實發生出來的結果反把牠認爲先天的由腦海中生出來的血統標準的結果——恩格斯和李伯特格羅斯等的比較

第七章　父族制家族

從母族制到父族制家族的經過和他的經濟根據——夫變爲家族財產的支配者——夫妻勞動的分離——勞動的分離支配了遊牧民文化的全區域——飼養家畜的全區域中土地是部族或氏族的共有物但畜羣則是個人的財產卽是家長

的財產——男子的富裕和勢力因財產的多寡而測定——卡斐(Kafir)人的風習沒有家畜的人就是無產者——我們在亞細亞遊牧民族內發見婦人也是同樣的處於從屬地位——凡貝里(H. Vambery)對於中央亞細亞土耳其諸民族的見解——牧畜民族的男子可以隨意把他的妻離婚或賣給他人——拉得魯布對於啓耳基茲(Kirghiz)人的見解——從格羅斯著「家族形態和經濟形態」中的引用文——遊牧民內婦人的劣等地位和父族制家族的必然性——父族制家族的特徵是在家長指揮之下許多血統相同的個別家族一齊住於一座大屋之下或一連閉鎖的院子裏面——其後「大家族」在家長支配之下才變爲有共同勞動和共同財產基礎的家族團體及經

濟共同團體——恩格斯在他著的『家族的起源』上適切的說明了這種家族形態——代父族制度而起的就是一夫一婦制度——以父權為根據的個別家族（一夫一婦制家族）並非社會和國家的原型實是長期間經濟發展的產物——一夫一婦制家族發生於一定的社會組織之內所以今日的社會如果變為社會主義的社會那一夫一婦制家族也會跟著變化的——恩格斯在他的『家族的起源』中的見解

第八章　社會發展過程上的血族團體

摩爾根和恩格斯都是從夏威夷島的卡拿卡人（Kanaken）的親族稱呼法確立他們的集團婚姻理論這實是使他們誤解

家族形態血族團體和地域團體的原因——摩爾根把夏威夷的普納路亞認做血族團體的原始形態——這不過是他的推測——摩爾根誤謬的原因——恩格斯所解釋的摩爾根的見解——符號團體的成立和遊牧羣內部結婚禁止的解除——祖先崇拜的發生和符號的神聖化——符號團體是崇拜共同祖神的團體——夏威夷的普納路亞結婚和摩爾根所認定的意義及範圍完全不同——在酷似夏威夷人言語的新西蘭毛利人(Maoris)的親族體系內也發見了『普納路亞』這個名詞——摩爾根以為夏威夷的親族稱呼法是普納路亞結婚的結果這是完全錯了的——摩爾根雖把研究法弄錯了但他對於北美印度人的家族發展過程和血族組織是於原史研究和社

會學上很有偉大的貢獻——摩爾根並非符號團體或血族團體的發見者——羅馬國家是從氏族統制組織發生的這也不是摩爾根的發見乃是帕加諾氏發見的

第九章　恩格斯的原史構成和唯物史觀

恩格斯的各種著作中最受社會攻擊的就是『家族的起源』一書——批評恩格斯的多半是政治家國民經濟學者或歷史家——馬沙里克（T. G. Masaryk）教授的獨斷的批評——馬沙里克不承認一定時期在一定條件之下家族發展過程中有母權或母族制的事實——馬沙里克把母權和今日未婚婦人對於非親生的小孩所有的地位相比較——對於馬沙里克

的批評——許多研究家把摩爾根所說的都學得了把他的觀察材料都吸收了但他們如今却說摩爾根的假說不對——馬克斯主義者從前因尊崇恩格斯的說明而擁護摩爾根的家族構成論到了現在也把牠棄却了——摩爾根的家族構成論誘引恩格斯計畫唯物史觀的『補足』——恩格斯著『家族起源』的序文——恩格斯所說的『生活資料的生產』和『人類的生殖』不過是名詞上的類似——生活資料生產的發展所適應的人類生產的發展是沒有存在的——理解馬克斯唯物史觀的人都苦於不能了解爲什麼恩格斯把『人類的生殖』和經濟發展的獨立要素看做同等的東西——恩格斯就是這樣的破壞了唯物史觀的統一性——恩格斯把『人類的生

領』做爲新『決定要素』把牠加入經濟方法裏面就心滿意足——因此馬克斯主義的新反對者當然會攻擊這種缺點起來

馬克斯的家族發展過程

第一章　家族的發生

據馬克斯(Karl Marx)和恩格斯(Friedrich Engels)的見解原始的羣居狀態最初是遷徙無定的遊牧羣——在羣居狀態中漸次構成家族形態結果才發生今日的一夫一婦制度——小遊牧羣中的性交是完全自由的並且是無限制的——從這種無限制的性交原始狀態因禁止尊屬和卑屬血族間的性交就發生了血族團體(一種家族狀態)——恩格斯在他的著作『

家族私有財產及國家的起源』上所表現的見解——這種家族形態今日早已絕跡了——普納魯亞(Punalua)家族的發生——恩格斯對於普納魯亞家族的意見——血族家族和普納魯亞家族內部的性交是集合團體而實行的——配偶家族的發生——父族制家族的發生——一夫一婦制家族的發生——一夫一婦制家族並非個人戀愛的自然結果乃是經濟條件的結果

馬克斯(Karl Marx)和恩格斯(Friedrich Engels)都主張:原始羣居團體的形態,不是家族形態,而是到處飄流,遷徙無定的遊牧羣。據我的見解,(註)這遷徙無定的遊牧羣,他的構成員,常常互相結婚,因此就漸漸地成爲親族團體,或家族團體。但,成立當時,他們並不知道他們的親族的性質，所以他們也當然沒有什麼稱呼，以區別他們的親族關係。羣居狀態，經過長期間發展後，就漸次構成一定的家族狀態，又因時代的變遷，遂發生今日的一夫一婦制度。

（註）參照本叢書第八種柯諾氏著『馬克斯的國家的起源』——譯者。

恩格斯根據摩爾根（Lewis Henry Morgan）的見解，說：在小遊牧羣中，性交是完全自由，而且是無限制的。這種無限制的性交，普通都叫他做『亂婚』；所謂『亂婚』，也並非每日不間斷亂七八糟的實行交媾，恩格斯在他的著作『家族私有財產及國家的起源』上面，已說過了。那時候，除了無限制的性交以外，還有一時的個別配偶關係。所謂『無限制』，不過是說：遊牧羣內，沒有什麼道德的規則，來禁止成年男女，不顧親族關係的互相交媾罷了。例如，那時候有兄弟姊妹互相交媾，甚至有父母子女互相交媾的事情。

性交無限制的原始狀態，在今日，當然已絕跡了。就是在那經營狩獵生活的原始民族間，也沒有他的痕跡。據恩格斯的見解：從這種無限制的性交原始狀態，因禁止尊屬和卑屬血族間的性交，（即子女和父母或祖父母間的性交），就發生了血族團體。而血族團體，就是羣居狀態中，有種種階段（祖父母，父母，子女等）的一種家族狀態。各世代階段，（例如父母和子女）雖不許性交，但在同一階段內部，就不論親疏，都可以自由性交，例如，兄弟姊妹，可以不分親疏，互相結婚。但子女就不能和他們的父母，或父母的兄弟姊妹，結爲夫婦。恩格斯在他的『家族私有財產及國家的起源』（第四版）第十九頁上面說：（參照拙譯恩格斯原著『家族私有財產及國家的起源』泰東版——譯者註）

『（一）血緣家族　血緣家族，是家族的第一階段。這時代的婚姻團體，因世代而有區別。家族（應該是羣居——柯諾氏註）範圍內，凡祖父和祖母輩，都可以結婚；凡父輩，可以和母輩結婚；又凡子輩，可以和女輩結婚。依此類推，孫兒女輩，也可以互相結婚。如果祖父母輩的結婚，是第一類夫婦，那麼他的子女，即父母輩的結婚，就是第二類，其餘類推。因此，在這種家族狀態內，只有祖先和子孫，父母和子女們，沒有互相結婚的權利和義務。……』

但，這種家族狀態，在今日，無論什麼地方，都找不出來了。其後，遊牧時代，結婚禁止的規定，更加嚴密了。凡屬遊牧羣內部，同一年輩階段的男女，都不能互相結婚。遂又發生了以下的情形：

（二）普納魯亞(Punalua)的家族（夏威夷羣島(Hawaiian Islands)呼配偶者爲『普納魯亞』）　這種家族的形態，禁止本團體內部的男女，互相性交，而甲羣團體的男子，反可和乙羣團體的女子結婚。所以，他們找求配偶，必須在本團體以外的團體，所謂對外結婚的『外婚制』，就是從此發生的。

恩格斯雖然沒有論到：『從甚麼動機，禁止了各世代階段間的性交』？和『怎樣的實行了這種性交』？但他還想說明普納魯亞家族的發生。他在同一著作的第二十一頁上面說：

『各種原始家族，（所謂原始家族，或指遊牧羣，或指一定範圍的家庭，又或是指其他形態，都不能斷定，——柯諾註）至遲總在二三代之後，才能分裂爲各種形態。原始共產主義的合同家庭狀態，（家計），一直繼續到野蠻期的中葉；這種合同家庭，也許因某種事情，發生範圍大小的變化，但無論怎樣變化，還是有一定家族團體的最大限度。到了同胞兄弟姊妹間的性交，認爲是不道德行爲之後，就使舊的合同家庭團體，（但這種家庭共同團體，不一定和家族集團一致），自然分裂而樹立起新家庭共同團體。因此，有許多姊妹，就變爲一團體的構成份子，而她們的同胞兄弟，就變爲他團體構成份子了。

照這種方法，或和這種類似的方法，從血緣家族，就發生了摩爾根所謂「普納魯亞」家族形態』。

恩格斯根據摩爾根的報告，說：夏威夷羣島和散得維齒羣島，（Sandwich Islands）到最近，還有這種家族形態：

『夏威夷習俗：同胞或從姊妹們，都是她們共同夫（她們的兄弟不在內）的妻妾。這些男子，已不是互相稱呼為兄弟，而且沒有這樣稱呼的必要了。他們的稱呼，都是「普納魯亞」，（Punalua）即是親密的朋友，或夥計（Associe）的意味。同樣，同胞或從兄弟等，和許多女子（他們的姊妹不在內），共同結婚，這些女子的互相稱呼，也是「普納魯亞」。這就是家族構成的原始形態。這種原始形態，以後雖有種種變遷，但本質上的特徵，就是在一定家族範圍內部，夫和妻，都是互相共有的。但，兄弟不得和自己同胞姊妹或從姊妹結婚，又姊妹不得和自己同胞兄弟或從兄弟結婚」。

據恩格斯的見解，血緣家族和普納路亞家族內部男女的性交。都是團體的。這就是說：一定數的近親女子們，和一定數的親近男子們，共同結婚。因此，他們都是成羣共居的。但有時男子也從和他已結過婚的女子中，選出一人，或長期或短期實行個別的配偶關係。又有時男子指定一女子爲主妻而同居，又可隨時和其他妻（和他結過婚的）同宿。此後，個別結婚，同居一處，就漸次變了一般的習俗。因此，共同性交，漸次消滅，而代以夫和妻的個別配偶關係。所以就發生了配偶家族。

（三）配偶家族(Syndasmishe) 配偶家族，和上述血緣團體及普納魯亞家族相同，也是『母權』所支配的家族形態 母權制家族的起源，是因為當時性交無限制，誰是他的父親，都不能確實知道，所以子女總是屬於母親的血族團體，或符號Totem團體——符號團體的詳細說明，見本書第五章）跟著母親的姓氏而來的。這種配偶家族，一般都住在一大屋宇內，經營共同的家庭生活。一切家權都是妻室主持，因為結婚時，不是妻嫁往夫家，却是夫入贅於妻家。

母權制配偶家族之後，因父權漸次的擴大，又構成了父權制家族。

（四）父權制家族 亞伯拉罕（Abraham）以撒（Isaac）雅各

（Jacob）的聖書所傳記的，和古羅馬的父系家族，都是父權制家族。家長的多妻，家長（Pater Familias）和他的子孫結成一家族共同團體，而經營共同生活，就是這種家族制度階段的特徵。這種家族，普通稱爲『大家族』，或『古家族』，和人種學上的小家族或個別家族，有區別的。

父權制家族，因經濟的發展，漸次難以維持．而且一夫多妻制，多受社會的非難，因此，這種家族形態，就自然崩壞，而發生一夫一妻制的家族形態。

（五）一夫一妻制家族　一夫一妻制的基礎，是在保守貞操條件之下，而實行的個別結婚。恩格斯說明這種制度的特質如次：

「這種一夫一妻制的家族形態，是要明白小孩的父親是何人，而建立以男性支配權爲基礎的制度。但爲什麼要認清父親呢？因爲，以後要以親生子資格，相續父親的財產」。一夫一妻的制度，決非個人戀愛的自然結果，乃是以經濟條件爲基礎而作成的。恩格斯說：

「一夫一妻的制度，是私有財產權代了原始自然共有財產權的位置之後，才發生的」。

第二章　摩爾根和恩格斯的家族構成概念的批評

恩格斯的家族發展的意見無論從馬克斯主義方面或從反馬克斯主義方面都有批評的餘地——這是馬克斯社會學說上最大的弱點——恩格斯的意見是根據摩爾根而來的——摩爾根著的『易洛魁(Irokesen)同盟』和『人類家族之血族和姻族的體系』——摩爾根連親族體系的意義都沒有了解——摩爾根的親族稱呼法的研究——摩爾根著的『古代社會』說明家族原始發展階段——摩爾根的研究以夏威夷人散得維齒人的親族體系為出發點——夏威夷的親族稱呼是

團體的名稱——摩爾根從這種團體名稱簡單的證明了團體的婚姻——摩爾根的家族構成意見是根據原始諸民族親族稱呼法的指示而來的——這指示的誤謬——摩爾根以為『父親』這個名詞就是和『生殖者』同一意義——對於他這種見解的反駁——父親雖說一時不明瞭是何人但母親的實在却很明白的——為什麼野蠻人不只叫一個女人做母親呢——摩爾根在不明白誰是真正的父親的時候發見稱呼方法分類的固有原因——但這種分類的原因也沒有什麼證據——反之野蠻民族所用的父母祖父兄弟姊妹子女等的稱呼從人種學上看來明明是和摩爾根的說明相矛盾——例證——摩爾根的假說只能說明親族稱呼法的一部分而不能說明其他

部分

恩格斯關於家族團體發展的見解，無論從馬克斯主義方面，或反馬克斯主義方面說起，都有很多非難的地方。這種見解，實在是馬克斯社會學說上最大的弱點。但牠決非從馬克斯社會學說單獨的歸納或演繹而發生的，實是人爲的把摩爾根的學說和馬克斯的社會學說結合而發生的。摩爾根是有名的美國人種學者，他專門從人種學上研究了紐約州易洛魁人；一八五一年，著了關於易洛魁印度人部族的一書，名『易洛魁同盟』(League of the Ho-De-No-San-Nee or Iroquois)其後，發見易洛魁人的親族稱呼法，和今日文明民族的親族稱呼法，極相矛盾。他發見了這種現象後，更使他決意研究其他美國諸部族；在這些部族中，發見了他們的親族稱呼法，有一部分很是一致的，有一部分很有特別差異的。因此，他又決心蒐集關於原始民族親族關係的詳細材料。他得了華盛頓（Washinzton）斯密司孫研究所（Smithsonian Institution）和國務卿卡斯（Cass）的援助，把許多質問，寄送全世界的人，如人種學者，宣教師，領事，殖民者，商人等。因此，就得了許多材料，作了一本詳細的報告書。這就是一八七一年斯密司孫研究所出版的『科學叢書』第十七編『人類家族之血族和姻族的體系』。

摩爾根自己並沒有了解『親族體系』的意義，一方，他知道親族體系內，有各種人類的特有性，因此就把這特有性，區別爲夏威夷的（馬來Malay坡里內西亞Polynesia的）條耳的(Turanisch)或德拉維達的(Drawidische)加諾晚(Ganovan)的（北美印度的）亞利亞的(Arian)塞姆的(Semische)烏拉(Ural)的諸體系，他方面，又知道親族體系中，還有互相繼起的種種親族發展階段的表現。(第四七九頁以下)。他越發詳細的研究了各種親族稱呼法，越覺得最後的見解是正當的。因此，他在一八七七年出版的著作『古代社會』裏面，想根據他以前發表過的親族稱呼法，來追溯家族的原始發展階段。

摩爾根的『古代社會』研究，以夏威夷人，散得維齒島人的親族體系爲起點；因爲他以爲：夏威夷人們，是最野蠻的人種。夏威夷人(其他一切南洋民族，也是同樣)的親族名稱，並非一人對於他人所用的個人名稱，乃是團體的名稱。夏威夷人，不但稱他們的骨肉同胞爲兄弟姊妹，即他們傍系的同胞，也都稱爲兄弟姊妹。即夏威夷人把我們普通稱爲第一，第二，第三，第四，親等的從兄弟姊妹的傍系親族，也一齊呼為兄弟姊妹。不過因年齡的大小，而有年長，年少，同胞的區別罷了。再者，夏威夷人把傍系同胞的『兒子』，也一齊叫做『兒子』。這些兒子的兒子，就叫做『孫子』。同樣，他們把傍系的父母，都叫做『父母』，夏威夷語，叫父母為『馬可亞』(Makua)，依性的區別，呼父親為Makau-Kana (Kana＝Männliche男性)，呼母親為Makua-Wahina,（Wahina＝Weibiiche女性）叫他們雙親的先祖為Knpuna，（祖先這個名稱，正確的說，即『年老的親族』）。又依性的區別，而有Kupuna-Kana和Kupuna-Wabina的稱呼。

摩爾根從這種團體名稱，就簡單的結論說：散得維齒羣島，從前曾有過團體的性交，或團體的婚姻。（這結論的誤謬，詳述於後。）他以為：夏威夷人，不但是稱他親生父為父親，並且把他親生父的傍系兄弟們，也稱爲「父親」。這就可以證明：他親生父的兄弟們，或者事實上，已和他的母親性交。否則必有可以隨他們和他的母親自由性交的權利，所以才都稱他們爲「父親」。又，夏威夷人不但是稱他親生母爲母親，並且和他親生母的傍系姊妹們，也通稱爲「母親」。這就可以證明，不但是他親生母，事實上和他所稱的這些父親性交，同時，他親生母的傍系姊妹們也和他所稱爲「父親」的這些人性交了。

摩爾根指示坡里內西亞人的「類別的」或「團體的」親族體系之後，他才說明這五種互相繼起的家族發展階段。他所說明的家族構成形態，並沒有根據原始民族的結婚習慣和親族關係，反根據原始民族的親族稱呼法。據我的見解，摩爾根的說明，完全錯了。（關於此點，可參照拙著『澳大利亞土人的親族組織』一八九四年司徒嘉特(Stuctgart)出版，和『結婚及家族的歷史』一九一二年司徒嘉特『新時代』(New Zeit)雜誌補充版第十四頁)。摩爾根的結論，是從近代的親族觀，而判斷自然(原始)民族的結婚和家族關係。這不外是把今日文明世界的觀念，勉強適用於野蠻民族罷了。例如，他把今日文明人親族名稱的意義，生吞活剝的來比擬於野蠻民族。詳言之，即他假定：野蠻民族的親族稱呼，根本上有一種和我們同樣的生殖觀念，把這種假定，認爲是鐵定不移的道理，來推測野蠻人的結婚和家族關係。這是完全錯了的。大凡一般人類，觀察他人的關係時，常常把自己固有的，普通的，天賦的觀念和人生觀，來觀察他人，或又把自己做爲是理想的標準人，然後才無意識的對於野蠻人，也以和觀察自己同樣的方法，來觀察他，研究他，甚至把他做爲一種斷案。

在文明人方面，生他的男子，就是他的父親；從同一父母出生的人們，就是兄弟姊妹。摩爾根把文明人所認爲父親的人，適用於野蠻民族，以爲野蠻人也只把生他的男子，認做父親。其實，有許多民族，把「父親」這個名詞，用得很廣。他們把「父親」這個名詞有時不用爲稱呼個人，却是用爲稱呼羣衆，前已說過了。我想：摩爾根決沒想到有以下的問題：即「試問印度人和南洋島人，實際上，把「父親」這個名詞，看做是和文明人同一的生殖觀念嗎」？如果我們只拘泥於今日的親族概念，那末，我們看了南洋諸人種學者和宣教師的報告，說：「父親」和「母親」的語源，是「大人」

，「老人」，「長成人」的意味，而「子女」的語源，是「小人」，「青年」，「未成年者」的意味時，這種疑問決不會發生的。

摩爾根把「父親」這個名詞，解為和生殖者同一的意義。因此，他更進一步，研究「為什麼野蠻民族的兒子，不叫某一人為父親，而呼多數人為父親？」這種問題時，他也簡單的結論說：「這都是因為些父親，事實上已與那兒子的生殖有關，即他們多半都和那兒子的母親有了交媾，不能確定誰是真正的父親，所以即稱多數人為父親」。

縱然我們把團體的性交，從極廣義的解釋，但在某種意義上，似乎還是正當的一樣。因為，北美的許多部族中，一個小孩子常把他那血族團體或宗教團體（Fratry）的前輩的一切男子，甚至數百男子，都稱爲『父親』。

因此，這種小孩的父親究是何人，雖然不大明白，但何人是他的母親，却是彰明較著了。即無論他是怎樣野蠻，也可以分得出誰是他的母親，或他是誰人生的。但是，爲什麼野蠻人不但把生他的女人叫做母親，還要把這女人的近親和遠緣的傍系姊妹，甚至數百女人，都叫做母親呢？莫不是這些女人，對於他的生殖都有關係嗎？

摩爾根又勉強的解釋，簡單答道：『不錯，野蠻人固然分得出誰是他的母親，但他既把他父親的傍系兄弟，通稱爲「父親」，所以他把他的親生母和他親生母的姊妹們，也不格外區別，一齊都稱爲「母親」了。』同時，女子雖知道誰是她的親生子，但她却又把他的姊妹和她的第一，第二，第三，第四，第五等親從兄弟姊妹的兒子，也簡單的，總括的稱爲『兒子』。

「所以，摩爾根於不明白誰是眞正父親的現象中，發見了稱呼方法分類的根本原因。他以爲：父親不能正確决定他自己對於兒子生殖上有多少的努力，所以那做母親的，也尊重父親的意思，覺得他自己所生的兒子，不必要和她的傍系姊妹們所生的兒子有什麼區別了。

但，這種見解，是毫無根據的。那野蠻民族所用的父，母，祖父，兄弟，姊妹，子女，等名稱的本來意義，正和摩爾根的說明相矛盾。這些有團體性質的名稱，與其說有生殖上的意義，毋寧說是年齡上差異的關係。例如，他們所稱爲父母的人，都是『年老者』

「大人」，「長成人」們，所稱爲子女的都是「年輕的」，「小人」們，所稱爲兄弟的，都是「同年」們。我們往往發見澳大利亞土人和南洋島人一般，都不區別誰是誰的父，誰是誰的母。古代遊牧羣或符號團體（例如宗教團體）內，比較年老一輩的人，都簡單稱爲「老者」或「大人」，如果土人要想正確分別誰是男老人，誰是女老人，他們就必須用「男」或「女」兩字，加於老人上面。例如夏威夷人把先一代的年長者，通稱做他們爲「Makua」，即「年長者」，如果他們要想區別誰是男女，他們就必須附加「Kane」（即「男子」），或「Wahina」（即「女子」）等名詞。例如稱「我的母親」（單數）的時候，就說「Kun Makua Wahina」，正確的翻譯出來，即是「我的年老的女人」的意味，再則伊利斯（Ellis）島南端洛斯曼

（Rosma）島土人，稱呼他們的符號團體（Hoav）中先一代的人們爲『oi』，若要區別男女的時候，就於男方面，附加『Fa』字，女方面，附加『Honi』等字。（以上諸例，都是從摩爾根的親族表抄寫下來的）。

至於稱呼祖父母，差不多沒有性的區別。他們稱祖父母爲『老人家』，『老老』，或『遠緣者』，又有許多野蠻民族，祖父母叫孫，或孫稱祖父母，都用同一名詞。這種事實，也可以證明生殖觀念和稱呼方法，沒有什麼很大的關係。洛斯曼島土人，稱祖父母父母，都是用『Mapiga』（遠緣者）這個名稱；祖父母叫他們的子孫，也是一樣的。依此，我們平素所謂祖父生父，父生子的觀念，完全用不着了。因爲祖父決不是孫子所生的。

其次，野蠻民族的親族稱呼法上，子，女等名詞的意義，也和我們的不同。野蠻人用這些親族名稱，並不和文明人一樣，想到『我是他生的，你是我生的』等各種概念。野蠻人大概把年長的稱呼為父親，年幼的為兒子，並不拘泥誰是誰生的，或誰是生誰的。和我們文明人今日的親族稱呼法大不相同。火奴魯魯（檀香山）（Honolulu）的上級裁判官安德魯（Andrew）把夏威夷的親族稱呼法寄給摩爾根，他的報告書上面說：（參照摩爾根著『人類家族之血族及姻族的關係』第四五二頁）。

夏威夷人對於兒子不用特別名稱。「Keiki」，就是「子」（一般的），或「小孩」的意味。「Iki」，是少或小的意味。冠詞「ke」，是近代才加上去的。因此「Keiki」，是兩字合成的複合語。於這詞上面，再加「Ke」，而成「Ke Keiki」，就是「小孩」，或「年幼者」的意思。如果要說是男小孩，就必須加上「Kane」（男的）這種形容詞。

即如稱『我的男人』或『我的女人』這種名詞，不一定和被稱呼這種名詞的人，有夫婦關係。但摩爾根在他的親族表上，始終把這些名詞，翻譯爲『我的夫』『我的妻』。正確的說來，這兩個字的意義，和英文的『man』及『woman』一樣。因爲，他們這樣稱呼，不過是指某人是男性，或是女性。因此，澳大利亞及太洋洲有許多民族的男子，不唯稱他的眞正妻的姊妹爲『妻』，並且把他所稱爲『妻』的一切兄弟和他的姊妹夫們，都叫做『夫』。反之，女子不唯稱她的夫的兄弟（同胞的，和傍系的，）爲『夫』，並且把她所稱爲『夫』的一切姊妹和她的兄弟的妻（嫂）們，都叫做『妻』。

據此看來，摩爾根的假說，至多不過能夠說明親族稱呼法的一部分，而不能說明其他部分。所以摩爾根從夏威夷人的親族稱呼法發見的血緣家族中，那些姻戚關係，絕對不能包含這種親族體系。（參照拙著『澳大利亞土人的親族組織』第五三頁以下，『結婚及家族史』第五五頁以下）再則，摩爾根的假定，不但不能說明多數印度人部族的親族稱呼種類，而且連那易洛魁人的親族稱呼法，——摩爾根的觀察，完全以此爲根據，——也不能說明，我已詳細證明過了。（參照『結婚及家族史』第六四頁以下）

第三章　原始的家族形態

自十五人至二十人組織而成的遊牧羣他們都是不顧及血族關係而實行自由無限制的性交——但所謂無限制並非說一個男子今日和這女子交媾而明日又和那女子交媾的意味——各種性的特質和男女的分業——所謂特定婚姻是一種弛緩的性的結合摩爾根叫他爲配偶婚姻——特定婚姻發生之後遊牧羣中就跟着發生一定的年齡階級或世代階級——遊牧羣內部各年齡階段或各世代階段間禁止性交是家族歷史上最大的進步——即今日最野蠻的民族都已經脫却了

這種家族發展階段——野蠻民族的三種世代階段——未成年階段成年階段老年階段——經過一定的儀式和審查之後才從青年世代昇進老年世代——禁止某一世代的人和其他一世代的人結婚是怎樣發生的呢——親族因年齡關係而分爲三種階段——這時候還沒有姻戚關係的稱呼——從這種世代階段就發生親族稱呼法的分類——摩爾根主張夏威夷人的親族稱呼法和他的親族家族的親族關係相吻合是不對的——其理由的敍述

我們要想在一短章內，詳細敍述原始家族形態的發展過程，那是不可能的。精細的研究，只好委之於前章所說拙著『澳大利亞土人的親族組織』和『結婚及家族史』兩書。這兩書中，包括許多組會學者和人類學者又『經濟形態』的著者，格羅色（Ernst Grosse）氏和『結婚形態，家族及親族』，『家族』等書的著者利爾（F.müller Lier）氏都包括在內。如今且把那裏面所說家族發展的原始形態，大略記述如下。

最初的小遊牧羣，約計從十五人至二十八人組合而成的。他們構成員間，都不顧及血族關係，而實行自由無限制的性交。所謂無限制，並非說一個男子，在該團體中今日和這女子交媾，而明日又和那女子交媾的意義。年輩相若的男性和女性們，同居一處，實行性交的事實，在最古時代，或許已經有過，但野蠻人的性交，想必是很簡單的。如今假定『始遊牧羣的構成員，約計二十八人，內中除却小孩和幼年外。能够同居互相實行性交的男性和女性，不過八八至十八，而且這八人至十八人中，也有二三人已超過性慾衝動年齡的，所以小遊牧羣中，有生殖力的男女，各方面至多不過三四人，互爲對立罷了。因之，他們的猛烈野蠻的性交生活，當然也不成問題了。何況這些少數人們間，還有年齡的差異呢？性慾旺盛的年輕男子，有時甚至向比自己年老的女子求婚，但實際上，他的慾火還是想在那和他年齡相差不遠的女子身上發洩的。

此外，這種個別配偶的同居，因男女間的分業關係，就變爲極有利益的創舉。而他們的分業，也是根據種種本性特質而發生的。我們於今日野蠻民族中，還可發見以下的事實：即野蠻人的女子們，不但須喂養小孩，背負小孩，或看護小孩，她們在遊牧生活時，一方要採集樹根，漿果，草木，昆蟲等物，他方又須搬運財貨，

（如皮，捕獲物，棒，石斧，繩，等）跟着團體遷徙。因爲遷徙時男子們必要專事狩獵，而狩獵時，尙須追趕猛獸，或設陷阱捕捉，或刺殺野獸等。（弓箭和小銃，都是以後的發見物）。這時候，如果還要男子們搬運什麼，必定不能兼顧狩獵，所以他們的娶妻，多半爲輔助他們的勞動活動。

雖然如此，也不能說：『今日的一夫一婦制度，是基於人類性情最原始的東西』。因爲，這種主張，是和人種學的研究最相矛盾的。太古時代的『特定婚』，本是一種緩慢的性的結合，和摩爾根所謂『配偶婚』相同，不過是在簡單生活共同團體內，男女兩異性不舉行結婚式，而實行一時的同居生活罷了。即在今日，許多野蠻民族，如澳大利亞土人等，他們的結婚，都是沒有什麼定婚式或結婚式的。

遊牧羣中「特定婚」發生之後，同時就生出一定的年齡階段或世代階段。一方，身體強健的青年，必須參加對於其他遊牧羣的鬬爭，和狩獵遠征；他方，經驗豐富的老者，就必須討論遊牧和對敵的計畫，或保護和實行從前的習慣。因之，次第發生所謂有特別「權利和義務」的一定世代階級，不參加狩獵或戰爭的成年者階級，「專事戰鬥的成年者階段，以及老人階段等。但是年少者不必要達到一定年齡之後，才算爲有鬥爭能力的成年者。因爲，野蠻民族沒有戶籍調查，所以不問年齡的多少，只要他體力能够從事鬥爭，或在一定工作上表現了鬥爭和狩獵能力之後，馬上就算爲有鬥爭力的成年者。

到了近代，遊牧羣內部才禁止了諸年齡階段或諸世代階段間的互相性交。這總算是家族歷史上最大的進步。又青年男女，不許和老年男女結婚；同樣，老年男女也不許和青年男女結婚了。但同一世代階段的內部，還是和以前同樣，男女可以自由結婚。所以兒子不能和母親及母親的姊妹性交，無論他是否屬於同胞或傍系，只要是和母親同一世代階段的姊妹，即不許性交。同時，女兒也是不能和她的父親或他父親的兄弟同輩等性交的。但兄弟姊妹間的性交，則不在禁止之列。

現今最野蠻的民族，如澳大利亞土人，布西門(Bnshmen)及中部阿非利加的倭奴民族費爾蘭(Fenerland)人，中部巴西的土人，及安達曼(Andamanen)的涅格里託人(Negritos)等，俱已脫了上述的家族發展階段，據一般宣告師和旅行者報告，野蠻民族的親族關係，說他們的子女和父母間還有實行性交的，這是因爲不知道或誤解了原始親族體系的緣故。但在今日比較進步的野蠻民族中，還有上述世代階段的制度，例如澳大利亞土人。有許多遊牧羣內部，把家族婚姻發展分爲三種世代時期：

第一，未成年時期　通常說男性未生鬚以前，女性月經開始一二年前，都屬於這種階段；

第二，成年時期　無論男女，他的兒子未達成年以前，或一定的衰老氣象未發現以前，都屬於這種階段；（男子約在四十至四十五歲以前，女子約在三十五歲以前。）

第三，老年時期　即超過上述第二項年齡以後的人，都關于這種階段。

如果一個人要從青年世代昇進老年世代，必須經過一定的儀式和審查。在幾個澳大利亞的部族內，那儀式和審查期間，極其長久，並且苦痛萬分。尤其未成年者昇進成年者階段時，所行的儀式是這樣的。

禁止某世代的人和其他世代的人結婚的習慣，到底是怎樣發生的呢？是由固有的習慣嗎？或因年齡相差太遠兩性結婚後不能多生小孩嗎？或因發育成全的男子只想從自己時代階段中婚娶女子爲妻嗎？或者還有其他的理由嗎？此刻都不能明白。因爲我們旣不能確實的斷定這種禁止的動機，只好做爲未決的問題罷了。總之，禁止種種年齡相異世代不同的團體結婚，不唯澳大利亞人和其他狩獵民族是這樣的規定，即坡里內西亞人美拉尼西(Melanesia)人，以及密克羅內西亞（Micronesia）人，都是這樣規定的。因爲那些親族體系，縱然一部分已和古代親族的名稱同時發生了許多較新的親族名稱，但那些親族體系，很正確的適應這三種分類。

這種親族體系全部中，因年齡的大小，分爲三種階段：

第一　老年階段（祖父母）；

第二　成年階段（父母）；

第三　未成年階段（小孩）。

第三階段的小孩全體，把中間階段的全體稱爲父母，把第一階段的全體稱爲祖父母。反之第一階段或最老階段的構成員全體，呼中間階段爲子，呼第三階段或最幼階段爲孫。而同一代階段的構成員則呼本階段的構成員爲同胞，或呼爲兄弟姊妹。『兄弟』『姊妹』這兩個名詞，據人種學上的見解，就是文化最低級的野蠻民族所用爲稱呼同伴，夥友，同事，同行者的名詞。

反之，在這種階段中，還沒有婣戚關係的稱呼。所以沒有舅，（夫或妻的兄弟姊妹的夫）小姑，（夫的姊妹或妻的姊妹）舅姑，媳婦等的稱呼；同樣，又沒有叔父母，子姪女，繼父母，繼子的稱呼。

所謂類別的親族稱呼法，就是由這種世代階段關係遞演而成的。這就是摩爾根所稱爲血緣家族的親族體系。摩爾根完全不知道原始年齡的階段關係，因此，他就以爲：親族體系的起源，是根據那時候的觀念，卽根據尊屬和卑屬的近親間性交的有害性和不道德性的觀念而來的。

摩爾根——恩格斯也是一樣——主張：夏威夷人的親族稱呼法，和他的血緣家族的親族關係正相對應。這也是不對的。事實上，這種家族形態只和那從世代階段所發生的團體的稱呼是一致的。但夏威夷人的體系中，也有舅，（夫或妻的兄弟姊妹的夫）小姑，（夫的姊妹或妻的姊妹）婿，媳婦，翁姑的稱呼。這種名稱，不能叫做血緣家族，我已證明了。〔參照拙著『澳大利亞土人的家族組織』第五三頁及『結婚及家族史』第五五頁〕洛斯曼人〔菲支(Fiji)羣島的西北洛斯曼島的坡里內西亞人〕的親族稱呼法，到很適應於血緣家族。因爲洛斯曼人把媳婦和女婿都簡稱爲兒子，把翁姑稱爲父母。但他們已經區別了兄弟和妻舅，（夫或妻的兄弟，姊妹的夫）又區別了姊妹和小姑，（夫的姊妹或妻的姊妹）所以他們的體系，已不是單純的世代階段了。

第四章　族外婚姻和特定婚姻

家族發展更進一步後又於同一羣內同一世代階段的構成員間也禁止互相結婚——族外婚姻的發生——許多人種學者關於這種禁止理由的見解——柯諾氏的見解——特定婚姻的安定和從其他遊牧羣掠奪女子的習慣——從他種遊牧羣所掠奪的女子完全是男子的所有物可以自由處分她——同一遊牧羣內部的人都是同種同性情因此內部互相結婚遂變爲不道德的行爲——這種觀念成立之後性交範圍就同時縮小而結婚禁止的範圍到反擴大——因此由結婚而結合

的範圍也擴大了——和這種範圍相適應的親族關係和親族稱呼法——從這些稱呼法又發生摩爾根所謂變化無窮的親族稱呼法——族外婚姻的結果就確立了特定婚姻

家族發展，更進一步之後，又發生一種習慣：不許同一遊牧羣內部，同一世代階段人們間互相結婚。因之，遊牧羣的構成員，就必須在自己團體以外去求他們的配偶。用人種學的表現來說：就是，他們必須締結『族外婚姻的』（或外部婚姻，即自己血族範圍以外的婚姻）的姻緣。這時候，才發生剛才說過的親族諸關係間的區別，因此又發生與這區別適應的親族稱呼法。

這種禁止，怎樣發生，我們雖不能證明；但，牠是在一般野蠻民族之下成立，而且是徹底的非常尊重的事實。許多人種學者，說明這種禁止所由成立的理由如次：有的說：「在一定文化階段的野蠻人中，最初的觀念，以爲：同胞間的性交是有害的，是不道德的；其次，就把這觀念適用於同胞的子女，和第三、四、五、親等傍系同胞；因此，男子既不能和自己本團體內的女子性交，就不得不在自己團體範圍外去找尋女子了」，摩爾根和恩格斯都是這種見解的代表者。他們對於這種同胞和傍系同胞間的性交，是有害的觀念，並沒有論證是怎樣發生的；反把「自然淘汰的原則」拿來搪塞一切。其他人種學者，或說：野蠻人已覺得血族間的結婚，恐產生多病和愚蠢的女子，所以禁止同族內的結婚；或謂：民族文化到了一定的發展階段，就有「族外婚姻的本能」發生，所以發生這種限制；或謂：人類有一種僻性，無論男女，不愛和同他一齊長大的人性交，所以有此限制。

據我個人的見解，這些理由，都是人云亦云，毫無根據的議論。我們在比較以後的發展階段上，發見有些族外婚姻的民族，的確是認定和近親傍系或疏遠的親族結婚，是不道德或有害的；但這種事實，決不能證明：那種觀念，就是禁止族內結婚的原因。這種事實，乃是族外婚姻以後所生的結果，又是以族外婚姻爲基礎的說明。等到文化逐漸發展，男子在小小團體內，越發不能找出相當的女子，作他的配偶；又甲遊牧羣的男子，掠奪乙遊牧羣的女子的行爲，變了習慣之後，才發生那和本羣的女子性交是不道德的見解；從以上兩種理由，即發生族外婚姻。我以爲這種假定，確實比前述「族外婚姻，是由認識內部結婚的有害性而來」的推定，稍爲正當些。

據我們的觀察，約計二十人構成的遊牧羣中，差不多只有八九人乃至十八的青年男女，有結婚的可能性，前已說過了。所以除了特定的婚姻稍有把握外，在最初的發展階段上，已有許多男子不能在他們本羣中找得一生的伴侶了。所以，從他羣中掠奪男子、尤其在對抗團體的戰爭中，）的事實，也於世代階段發生以前就實行過了。其後，又因世代階段的關係，在一羣中能夠互相結婚的人，至多不過五六人，因此，那能夠互相結婚的青年男女，範圍又狹了許多，那些年輕的男子，看見他們本階段的一切女人都和他羣他世代階段的男人結了婚，他們才從他遊牧羣掠奪女子起來。

這樣一來，必定生出以下的情形：即一般男子對於從他遊牧羣中掠奪或誘拐來的女子，和對於本遊牧羣的同輩女子，必定出生兩樣態度：即本遊牧羣的女子如果不喜歡這男子的時候，就可以和他離婚，而另和他遊牧羣的男子結特定的婚姻，或受本遊牧羣的保護，養老終身。至於從他遊牧羣掠奪而來的女子，完全是男子的所有物，在一定程度內，男子可以自由處分她。男子對於他遊牧羣的女子，既然有這樣支配的地位，那麼，他們掠奪他遊牧羣女子的欲望，當然只有一天一天的增加起來，久而久之，就變成了習慣。這種習慣既爲一般所利用承認，遂變爲一種命令。這種習慣的結果，才發生一種觀念，覺得在自己遊牧羣內締結特定婚姻關係，是非體的，是不道德的，是違犯古昔傳統的了。

其後遊牧羣內部的結婚，因爲種族相同性質一致，認爲不道德的觀念，漸次成立。（所謂種族相同，性質一致，即是同胞的意味；例如，維多利亞(Victoria)島西南邊的澳大利亞人，把本遊牧羣原來的構成員，呼為『Tau-wilyerr』即骨肉相同的意味。再則所謂觀念，不過是違犯古代習慣或神的命令的觀念罷了）。這種觀念一旦成立之後，因社會生活，日趨複雜，又漸次侵入其他性交緊密的遊牧羣去了。各遊牧羣採用同屬性的記號（即共同符號(Totem)）後，就發生符號共同團體。(Totem genossenschaft)。因此，各符號團體的構成員們，都覺得他們是同一血統，即同一符號團體的祖先的子孫。據澳大利亞土人的結婚風俗，結婚禁止，最初，擴大到母族團體，即父族把母族帶來的符號團體；其次，擴大到父族的母族符號團體；復次則擴大到母族的母族符號團體。在文化較高的階段上，那結婚禁止，往往有擴大到五、六、七、個符號結婚的，並不爲奇。北美俄馬哈印度人（Omahaindian）的結婚禁止，業已明白表示族外婚姻可以達到什麼程度，是因當時情形如何而決定的。北美俄馬哈印度人的男子，不但不能和他自己符號團體的女子結婚，並且不能和他的母，母的母族，父的母族，母族的祖母等符號團體的女子結婚。更不能和他的子，女，或姪，姪女，（這些名詞，都應解爲我們這時代所用的意義，）的妻和夫所屬的符號團體的女子結婚。

因結婚範圍的擴大，同時和那結婚範圍相當的親族關係，也當然跟着發生。親族稱呼法，當初雖限於自己團體內部，但又常常擴張到團體的外部。據南洋島人的親族稱呼法：男子對於妻的兄弟，（即他遊牧羣內世代階段的構成員，）或女子對於夫的姊妹（同前），都有新名稱發生。因爲他們極注意自已的結婚關係的變更。此後，又發生稱呼上的種種區別。例如，自己的父母和翁姑間的區別，自己的兒女和養子養女的區別，他們原來姓名的父的兄弟和屬於他遊牧羣的母的兄弟（新階段）間的區別，以及父的姊妹和母的姊妹（新階段）間的區別等等。

從這裏就發生摩爾根所謂富於變化的親族稱呼法。這些稱呼，決不是單純無內容的稱號，或言辭上的滑稽，（有好些人種學者，不能說明這種親族稱呼法，都把他做這樣解釋。）却是完全和種種部族的符號團體組織，及結婚關係正相對應。於是，兩族外團體間的互相結婚，正確的說：即摩爾根所稱爲『Turanisch』，或『Drawidisch』的親族體系就發生了。我們不但在南印度發見了這種體系，並且在澳大利亞穆勒河下流納里尼里地方，也發見了他的最明瞭的形態。同樣，摩爾根沒有理解的易洛魁人的親族體系，也適應於從禁止和父母的符號團體構成員結婚所發生的結婚關係。（參照『結婚及家族史』）

族外結婚的結果，同時就確定了特定的婚姻。因爲，男子所掠奪誘拐或買得的女子，於一定範圍內，是男子的所有物，必須聽他呼喚。他能够丟掉她，離別她，或販賣她。但這也要在特別情形之下才能發生的現象。因爲，在這種發展階段上，女子能够產生很有價值的勞動力，所以不容易被男子丟掉。如果女子在性的方面不能够滿足男子的要求，那麼，男子就會再去找尋第二和第三夫人供他的玩弄了。

第五章　符號團體和母系家族的發生

血族團體也是從族外婚姻發生的——民族學上叫他做『符號團體』『符號家族』或『符號氏族』——血統以女系為標準——血統的標準和尊敬母及母系近親族互相關聯——恩格斯說明這種習慣的起源——從恩格斯著『家族私有財產及國家的起源』裏面引用的一節——古時幾多人種學者和原始史家都和恩格斯同一見解——對於恩格斯見解的批評——原始遊牧羣中血統問題是不關緊要的——那時候並無家族的名稱和符號團體的名稱——女子的掠奪和交

換變了習慣之後單只傳統的遊牧羣名稱就不够用了——性質名稱的發生——所謂符號動物——最初符號動物不受團體的尊敬——符號名稱和母系親族間性的結合的禁止——族外婚姻和婦人的從屬地位——恩格斯的『家族起源』上面的意見和他的誤謬

民族學上，普通稱爲『符號團體』，『符號家族』，『符號氏族』等種種血族團體，也是從族外婚姻發展而來的。這種家族團體的構成員們，以爲他們自己在同一血統的團體中，應用一種性質相同的動物或植物的名稱，以表示他們的親族關係。這種符號，或用花紋，或用象徵，俱是做爲他們的認識指標，而且往往有神聖不可侵犯的性質，受團體的相當尊敬。這種家族團體，就叫做『符號氏族』，或『符號團體』。因爲，最初，北美印度人部族奧都西波維，（Odosibue）就已公然用了這種象徵的紋章，並且這部族，叫那紋章爲『Dodaem』，或『Dotem』。但我們須注意的：就是，在許多野蠻民族內，符號的名稱並非和我們的家族名稱一樣，父傳之於子，子又傳之於孫。他們的名稱，却是從母傳之於她自己的親生子（不是繼子），換句話說，血統的淵源，不根據男系，反是根據女系。我們往往發見這血統的標準，和對於母及母的近親，有很大的關聯。

這種習慣是怎樣發生的？及在家族發達史上有什麼意義？據恩格斯的見解：從許多民族觀察，都可以證明出來。即許多民族，俱是只把兒子認爲是和他的母親有血緣關係。這種思想，恐怕是自然發生的，換句話說，這種思想就是根據「兒子出自母體」的事實的結果。這是因為在性交的原始階段上，（或所謂「團體家族」時代），既有團體的性交，當然不能認定誰是他的親生父，至於母與子有親生的肉體關係，到可以很明白的認識，結果遂發生了這種思想。所以單在母系方面，研究血統的淵源，——即所謂母系上的血統標準，——不過是父親不確定的結果，即根據那有名的羅馬格言「母親是真實，而父親不的確，」而推論的結果罷了。恩格斯在他的「家族的起源」第二四頁上面說道：

「在各種形態的團體家族內，一般的兒子都不明瞭誰是他的父親，只知道誰是他的母親。做母親的，常把全家族所有的兒子，都叫做她的兒子，她對於他們，縱然負着為母的義務，但她仍然分得出誰是她生的，誰不是她生的。因此，團體婚姻制尚在實行的時候，血統關係只能從母親方面認得出來。所以就承認了母系家族制。這種現象，多半發生於一切野蠻人，及文化較低的民族間，而最初發見這種現象的，就是巴賀芬，(Bachofen)可說是他生平的第二大功勞，(譯者註)，他把那從母親認識血統的系列，專叫做「母權」。我因為這種名稱簡潔，所以也照樣襲用。但在這種社會階段上，所謂法律意義的實在權利還沒有發生，所以用這種「權利」的名稱，還是不對的。

(譯註)巴賀芬的第一大功勞，是從歷史的和宗教的傳說中，發見了家族原始狀態的痕跡，見恩格斯著『家族的起源』

第二章前數段。又同章第三項，對偶家族內，又敘述了他的第三大功勞，第四大發見。

其他，古代的人種學者，和原史家、如巴賀芬雕龍李伯特等，也是同樣的見解。李伯特雖承認母系的系列，決不是母權。或母之支配，但他還以爲根據母系爲標準的血統，是完全自然的，即跟據自然人的觀察而自然生出來的。因爲，「各種自然現象，使腦筋簡單的野蠻人，把母親想做青年的血，和青年的生命的賜與者，換句話說：在小兒的民族生理學上，必定以爲下述的原則，是金科玉律：即，「子是母的血液構成的，因此：只有母親及由生命同一泉源創造了他們的人們是親族」」。（參照拙著「家族的歷史」第十頁）

這種原則，表面上似乎是自然的，論理的；實際上却不盡然。因為，近代人觀察原始人的各種關係，總有一種偏見，以為：文明人是這樣，野蠻人也應該這樣。把事實上長時間的發展產物的觀察和觀念，當做原始的觀念。

如果這班人種學者和原史史家，不根據現在的觀念規定「原始狀態」，或詳細的觀察了原始遊牧羣的生活，（尤其在澳大利亞發展了的狀態），那麼，他們一定會得着別的結論了。實在說來，原始遊牧羣內，一般所謂血統關係原不成問題，並且野蠻人完全不注意他們和父母的血緣是否純粹的或半純粹的。更不注意誰是父的血統，誰是母的血統。一直等到遊牧羣發展實行族外婚姻制度的團體時，那血統的觀念才跟着發生起來。然則，族外婚姻的原始遊牧羣，或血族相姦的原始遊牧羣，他的構成員間，爲什麽就會注意他們遊牧羣內所生小兒的血統呢？家族的名稱和符號的名稱，並不是一時的，這是由那沒有符號名稱的澳大利亞土人可以證明的。我們老早就發見了各種遊牧羣的名稱，如『沼澤中人』『岩岸中人』『江湖中人』之類。這些名稱，都是表示遊牧區域或遊牧羣的一定特性的。遊牧羣內，無論男婦老少，都可以用這種名稱。小孩一生長在羣內，就變了羣的構成員，就是羣內的新『夥友』。至於他是何人所生，是絕對沒有深思熟考的。小孩生出來，當然有一個名字，但也不過是根據他的某種特質而來的。我們試把幾個野蠻人的小孩名字直譯出來，例如，『大肚兒』，『短脚兒』，『長毛兒』，『烱目兒』等等，諸如此類，都是表示這小孩的特質的意思。其後，男子已通曉人事的時候，往往加入中間年齡階段，（即成年階段），那名字也有時變更，但也不過是依着他的體質如何而決定罷了。

到了世代階段發生後，那定名的方法，還是仍傳。縱然由一遊牧羣掠奪，或交換他遊牧羣女子的習慣發生後，都還沒有注意到生於本遊牧羣中的人是什麽血統。遊牧羣，完全變爲族外婚姻的血族，那遊牧羣的傳統的名稱，早已不够用了，所以那命名的方法才逐漸變更。這就是上述區域名稱，領土名稱的起源。因此，事實上住於那遊牧羣裏面的人們，都可用這種名稱。但女子就不是這樣。那族外婚姻發達的結果，女子結婚後就離開本遊牧羣，跑到他遊牧羣，或遠方的遊牧羣去。後來，也許再跑到第三，第四，遊牧羣去的。因爲澳大利亞諸遊牧羣中，女子的逃走，私奔，掠奪，是極尋常的現象。於是，女子漸次的散佈於各種遊牧羣。他們一入了別種年齡階段中，往往襲用他人的名稱。因此，她們的固有名稱，也就形形色色的了。又有許多部族的名稱，於死的時候，就完全改變爲一切死人的名稱。有跟着死人的名字完全變更了的。

名稱既然是這樣變更，而且女子又這樣私奔到各遊牧羣裏面去，那麽，他們這種手續麻煩的結婚禁止，又如何能夠實行呢？男子從他遊牧羣中帶來的女子，他又怎樣能判明這女子和他自己，或其他血族團體，是否有無關係呢？據當時的規則，如果這男子和女子的血族團體有關係，他們的婚姻就不能成立。否則就處以死刑。當時，並沒有族譜，如果要繼續維持族外婚姻的禁止規則，那麽，男子們也要和女子同樣，不要任意變更他們先祖傳來的名稱，不要於一定區域內互相結合，却要於個人出生時，取一個帶有親族性質的名稱。只要他一生保持這種血族的名稱就得了。

因此，我們在澳大利亞的諸部族中，發見遊牧羣中通用一種符號名稱。這就是遊牧羣用以表示他們的性質的認識名稱。這些名稱，多半是動物或植物的名稱。而動植物種類的名稱，又多半是在他們區域內所發見的。但此外也還有什麽「雨的朋友」哪，「白粉團」哪，「太陽的光線」哪，「紅土」哪……等的名稱。

最初，符號動物，本來不受遊牧民的尊敬。澳大利亞的奈利尼利(Narinieli)人，毫不躊躇的把這種符號動物，獵取他，烹調他。他們是南澳大利亞人種。他們的制度，很可以做各種發展階段的模範。爲什麼不曾敬符號動物呢？因爲那符號名稱的本身，本不是什麼神聖不可侵犯的。不過是確定一種血族團體，即澳大利亞人往往說過的確定一種『共同骨肉』的血族團體名稱罷了。奈利尼利人所用符號名稱，爲『Ngaitie』，但也不過是夥友，朋友，同僚的意義，詳細的說：即『血統同輩』的意義，完全沒有什麼神聖的意義。

這種方法實行之後，那種同一血族團體的結婚的危險，就完全消滅了。縱然女子因掠奪，交換買賣的關係，輾轉遠離他方，但這女子所屬的符號團體名稱，仍然不變。所以從他的符號看來，就可以認得出誰是同一血族，誰是可以性交或不能性交。遊牧羣的符號名稱，雖然可以認識，但一女人的親生子女，和她的兄弟姊妹的子女，還是可以自由性交。例如，甲符號的山岳遊牧羣的女子，嫁於乙符號沼澤遊牧羣的男子，這時候，縱然這女子因掠奪而轉入了於丙符號的遊牧羣中，但她不能說，因爲不知道她的親族的地位，而可以和山岳遊牧羣的男子性交。又如，這男子是屬於甲符號遊牧羣的，而這女子也是屬於甲符號的遊牧羣，這是當然不能結婚。但不能因此就排斥她的子女和她兄弟的子女結婚。因爲，這女子住在沼澤遊牧羣，所生的子女，就是乙符號團體（即沼澤遊牧羣）的構成員，她住在內符號河川遊牧羣，所生的子女，就是內符號團體（即河川遊牧羣）的構成員。所以她的子女和她的姊妹的子女的性交，當然是不相妨害的。例如，她的姊或許嫁於沼澤遊牧羣，而她的妹，則嫁於海洋遊牧羣，這時候，他們姊妹的子女都用他們出生的遊牧羣的符號名稱，所以他們雖有近親血族關係，也是能夠結婚的。

如果要避開這種血族相姦的毛病，就須用以下的最簡單的方法：卽子女都不和從前一樣用他們自己遊牧羣的地名和羣的符號名稱，僅用母親的符號名稱，或原來的性質名稱，那麼這種母系親族的性慾的結合，就很容易的禁止了。

這種問題到很容易解決。只須把符號的名稱改變一下就對了。但澳大利亞的遊牧羣，多半不採用這種方法。因爲原始人都不照着理論的方法去實行某椿事件，反依着觀察和經驗，漸漸地去試驗牠。上述遊牧羣不變更符號的名稱，反採用別種方法，就是一個很適當的實例。

澳大利亞土人的婦人，雖然能够把符號名稱讓給她的兒子，但她的從屬的地位，仍舊是不變的。這種讓與的作用，也不外是在於維持族外婚姻。婦人被掠奪和誘拐，還是和從前一樣。而且婦人必須隨着她的夫到夫的遊牧羣裏去。據當時的觀念，婦人只是男子的附屬品。這種發展階段上，與其說婦人的地位漸次向上，不若說牠漸次向下。因爲族外婚姻一天一天的發達，男子必須從遠方娶妻，而且妻的交換和妻的買賣，也一天一天的發達，所以，婦人的地位愈低下，遂變爲男子的所有物，或單純的「物品」了。

非律賓(Philippine)羣島的涅格里託人，(Negritos)和最野蠻的南北美利加印度人諸部族的風俗，也和上述相同。恩格斯在他的「家族的起源」第三十二頁上所說的，完全錯了。現在把他引用如下：

「十八世紀啓蒙時代，有一種最不合理的觀念，說：「社會的最初，妻是夫的奴隸」。下級階段和中間階段的(一部分是上級階段的）野蠻人，和未開人的妻，不但是有自由的地位，而且極受社會的尊敬。但，在配偶婚姻制度時代，社會上女子的境遇又是怎樣呢？我可以引用在塞奈加易洛魁(Seneka Irokesen)地方傳教牧師賴特(Arthur Kinght)氏的見解做個證明：他說：「試把他們的家族制度說一說，他們住在舊式家屋，（許多的共產的家計）的時候，……常有一種氏族存在，即女子從他氏族找尋她的夫主；……一般都是女性支配家庭，貯藏物是夫妻共有的。但如果夫因性情怠惰，或因生來拙笨，以致不能把自己的所得，增加共同貯藏物的分量，那末，他一定會陷於很可憐的境遇。無論他在這家裏有多少小孩，或有多少特別財產，爲妻的可以隨時叫他收拾擔子滾出去。而且他不能違抗這種逐客令。那麼，他當然不能再戀着這家了。這時候，他只有兩條路：一是歸還他本來的氏族家裏去，一是再找尋新婚姻，到其他氏族裏去。女性在氏族中，或在其他種種地方，有偉大的勢力」。……」

如果我們要求恩格斯證明：在一切野蠻人的地方，女子都極受社會的尊敬的事情，他也一定是毫無辦法。因爲他的觀察是根據易洛魁人而來的。但是，易洛魁人在一種最低發展階段上，想必不是屬於北美合衆國高度發展的印度人諸部族。

第六章 母族制家族

許多原始民族的婦人所以受社會的尊敬完全是由於婦人在家族團體和定住團體內的勞動活動——許多人種學者和文明史家他們縱然不根據唯物史觀但也明瞭的認識了家族形態和結婚形態是跟着經濟的發展而變化的——寇當法格孫和李伯特的見解——李伯特著『家族的歷史』上的見解——格羅斯（Ernst Crose）的見解和他著的『家族形態和經濟形態』上的引用文——柯諾氏在『新時代』（Neue Zeit）雜誌上發表一論文名『母族支配的經濟基礎』想證明澳大利

題，大洋洲和美洲諸民族內婦人地位的高低和她們的勞動活動有極密切的關聯性——從「母族支配的經濟基礎」上所引用的一段結論——只有幾個人種學者把母權和母族制當做血統標準的單純的結果——母權支配和家族結合的密切性差不多沒有關係——恩格斯觀察母權的結婚關係和家族關係時把母權支配不當做由一定社會生活事實發生出來的結果反把牠認爲先天的由腦中生出來的血統標準的結果

——恩格斯和李伯特格羅斯等的比較

許多原始民族的婦人，所以在「極受尊敬的地位」，並非如恩格斯所說：「因爲母親和小孩的肉體關係，及父親的不明確」而來的。婦人所以受社會的尊敬，正因爲她們在家族團體和定住團體內

的勞動活動。換句話說：原始共同團體內，婦人是生活資料的重要供給者。因此，備受社會的禮遇。實際上，婦人供給大部分的食糧，尤其在農耕時代，婦人實地耕作，她們耕作的結果，遂確立經濟基礎的發展階段。這時候，我們才發見：婦人眞正受社會的尊敬。

許多人種學者和文明史家，他們雖然不根據唯物史觀，但也明瞭的認識了：家族形態和結婚形態，是跟着經濟的發展而變化的。例如，如當法格孫，早已發見：北美印度婦人的優越地位，也是因爲她是個實地耕種者，有勞動工作的關係。李伯特也有同樣的見解。李氏雖把母系制看做是自然的和原始的，但他解釋母權，（卽母親對於她的小孩的處分權），和母的（或婦人的）支配，就和這種見解不同了。據他的見解：母權和母的（或婦人的）支配，是婦人的勞動在一民族的經濟生活上占重要位置時，尤其是婦人實地耕種時才發生的。一八八四年他著『家族的歷史』上，已有下述的見解：

『於是，母親就必定變爲勞動部門的指揮者以養活大家了。換句話說，她在有史以前的文化領域上，必定是我們民族的支配者。其後，她不但替她的兒子和她的孫子勞動，而且還要替那些加入她的家族的人們勞動，所以她當然變爲全團體的重要人物了。……』

格羅斯（Ernst Grose）著『家族形態和經濟形態』（一八九六年版）上，也有同樣的見解。那書的結論說：

『……但是，尤其夫婦間的法律關係和勢力關係，多半是依他們的經濟的地位而決定的。例如，以狩獵爲生活的家族，和以牧畜爲生活的家族，他們主要的生產，大概在夫的掌握中；因此，一切財產和一切權利都屬於夫。這時候的妻，完全是沒有財產沒有特權的奴隸。反之，在較低的農業階段，妻的經濟和夫的經濟，至少都有同等的地位，因此，我們在這時候，可以知道：婦人不是普通的奴隸地位，却是男子的伴侶。有時簡直是男子的女主人。最後，夫婦間的經濟勢力關係，又可以決定他們對於兒子的權利。如果婦人對於她的兒子能夠使用權利，她必定是經濟上的強者，即非收入和財產的所有者不可：：』

我在一八九七——九八年『新時代』(Neue zeit) 第四八卷上發

表一篇很長的論文，名『母族支配的經濟基礎』，（這篇論文同，時又被法國人譯出，登載於巴黎的月刊雜誌『社會的進化』"Le Devenir Social" 第一——三卷上）。想證明：澳大利亞太洋洲和美國諸民族內，婦人地位的高低，和她們對於生計供給的勞動活動的重要情形到底有什麼密切的相關關係。我的結論如次：

『農業的經營，多少歸婦人主持之後，婦人就漸漸地變爲新式大家族中的中堅人物了。男子多半在外面活動，實行狩獵漁樵戰爭等職務，而婦人則仍舊是處理家政。又，狩獵漁樵的所得，多半不甚確實，而農業的收穫，大概是有一定的。所以家裏的婦人，更能得着權利和勢力了。他方，因他們常在這種共同生活中，那家族團體的一切構成員間，——尤其是同胞姊妹間——發生了一定的感情，這種感情的表現如次：比方，本來兒女的事情多半是由父親處理，但到此時，除了父親之外，其他家族構成員，尤其成年的兄長和家族團體的管理人，都可以參加意見了。這種事實，就是表示不排斥女性血族者加入婦人的勞動範圍。其後，這些女構成員和她的兒子等，如果有供給有用的勞力的時候，力所能及，當然非維持他們的家族下去不可。所以，如果求婚者不能支付女子的代價，他就須入贅於女子的家裏。這種風氣，相沿不久，就變爲一切男子，都定住於他們的女子（妻）家族裏。女子有時雖跟着她的夫到夫家裏去，但她和她的娘家，還是保持她的密切關係。如果女子不喜歡她的夫家，她可以任意回她的娘家。再則，一切困難時期，例如分娩，疾病，等，她都可以在她的娘家保養生產。（例如秘魯人）那時候的女子，彷彿是只在丈夫面前取得相當租價，專替丈夫主持家務，和實行同衾義務罷了。她的眞正住所，還是在她的母家。丈夫死後，就把小孩帶回母家，有時她可以分得由女性構成員所耕種的栽培地。

婦人的經濟活動，漸漸地占了優勢之後，婦人結婚後，大概留居於她自己的家族團體，不到丈夫的家裏去。結果，夫婦兩人都是各留居於他自己的家裏。不過他們結婚的經過，概是由丈夫方面訪問婦人數次而成立。這種結婚形態，在孤立經濟時代，（即夫婦必須互助時代）是不能成立的。我們從來所觀察的結婚形態，無論在什麼地方，其以這種結婚形態爲大家族團體組織的基礎，但是，婦人在大家族中，完全獲得支配權之後，同時，她對於管理共同團體和民族，——這不過是一種擴大了的家族，——又得了一種權力。如果當時的情形更有利於婦人，那麽，她必定就會變爲全血族和部族的事務的直接指揮者了。

如上所述，母權支配，既和經濟生活的一定形態相關聯，所以在從前的畜牧民族中，當然不能發見本來的意義上的母族制度了。畜牧民族中，有一部分他們的族外婚姻的符號共同團體，雖然有根據母系的血統而區分的，但這種共同團體，決不是獨立的地方的或政治的團體。（例如澳大利亞人和美拉尼西亞人）至於母權支配，更不必論他了。據今日的通說，印度的托達斯，因一夫多妻主義，應該是保存了『母族制度』，但據馬沙耳（Marshall）的可靠的報告，該處的婦人，完全是在從屬的地位。這種現象，只有從畜牧民族的經濟方法，才能說明出來。因爲，畜羣都是屬於男子的，男子對於外敵的襲擊，有警戒，擁護，和保全畜羣的力量。即如那榨乳，或製造乾酪等事，都是男子的工作，婦人往往不許進牧場裏面去』。

上述這種見解，是因新研究而確定的。因此，今日只有幾個人種學者，把母權和母族制度，當做血統標準的單純的結果。於是，把母族制的家族，看做各種家族發展形態上的文化原因的批評，也跟着這種研究變化了。我們更詳細的研究一下，就越發明白：有母權支配的地方，那家族結合的密切，一定是薄弱的。但在這種階段上的家族，早已被符號共同團體分割了。許多人種學者，以爲：那母權制時代的婦人，強制男子嚴守貞操，是『道德的進步』，但這種主張，只能說於那男子入贅女家的母權制初期階段才算妥當，至說到結婚關係的親密程度，在這種階段也和從前的階段相同，幾乎不成問題。夫對於妻，只有負擔勞動的義務，也不過侍候妻的同牀義務罷了。如果他的妻或妻的母系的親族，不喜歡他，他即離開他妻的家庭，到別地方去，並且不許對於他的子女，有什麼要求。但是，到了後來，母權的發展階段上，——這時候，夫和妻，都各定住於各自的符號共同團體裏面，大概是夫跑到妻家去，和妻同牀，同牀之後，又跑回自己家裏去的；——那家族結合的緊密程度相貞操，完全是沒有的。如果夫不喜歡他的妻，他儘可解消從來的婚婚關係，再和別處的新女子結婚 又如果妻不喜歡她的夫，她也儘可拒絕和他同衾，而要求他趕急離開她的家庭。實際上，這種發展階段的家族，是最脆弱的形成物。因此，在血族的狹隘生活共同團體內，——審美學者先生們，或許是這麼說，——所謂共同的感情，思惟，和行爲，都是絕對沒有的。家族完全隱蔽於符號共同團體的背後，所以，結婚不過是爲交媾——並非爲養育小孩，——的一種制度罷了。

恩格斯雖和馬克斯同樣，很敏捷的認識了社會制度和社會見解，是依經濟的發展狀態而決定，但他觀察母權的結婚關係和家族關係的時候，並不照以上的想法，把母權支配當做是從一定社會的生活事實發生出來的結果，反把牠當做是先天的從腦海裏發生的血統標準的自然結果。他方，社會學者李伯特和格羅斯等，雖非唯物史觀的直接信奉者，但他們却明白的認識了母權的家族制度，和一定經濟的發展有密切關係。這種事情，是很值得注目的。恩格斯無條件的承認了摩爾根的集團婚姻的構成，和原始家族，因此，把自己的認識弄得很恍惚迷離，即他所研究的，也不能超乎摩爾根的研究之上。

第七章　父族制家族

從母族制家族到父族制家族的經過和他的經濟根據——勞動——夫變爲家族財產的支配者——夫妻勞動的分離——勞動的分離支配了遊牧民文化的全區域——飼養家畜的全區域中土地是部族或氏族的共有物但畜羣則是個人的財產卽是家長的財產——男子的富和勢力因財產的多寡而測定——卡斐人（Kaffir od. Kafir od. Caffre）的風習沒有家畜的人就是無產者——我們在亞細亞遊牧民族內發見婦人也是同樣的處於從屬地位——凡貝里（H. Vambery）對於中央亞細亞土耳

其諸民族的見解——牧畜民族的男子可以隨意把他的妻離婚或賣給他人——拉得魯布對於啓耳基茲(Kirghiz)人的見解——從格羅斯著『家族形態和經濟形態』中的引用文——遊牧民內婦人的劣等地位相父族制家族的必然性——父族制家族的特徵是在家長指揮之下許多血統相同的個別家族一齊住於一座大屋之下或一連閉鎖的院子裏面——其後『大家族』在家長支配之下才變爲有共同勞動和共同財產基礎的家族團體及經濟共同團體——恩格斯在他著的『家族的起源』上適切的說明了這種家族形態——代父族制度而起的就是一夫一婦制度——以父權爲根據的個別家族(一夫一婦制家族)並非社會和國家的原型實是長期間經濟發

展的產物——一夫一婦制家族發生於一定的社會組織之內所以今日的社會如果變爲社會主義的社會那一夫一婦制家族也會跟着變化的——恩格斯在他的「家族的起源」上的見解

家族團體內，婦人所以受尊敬的原因，怎樣和她們經濟活動的情形相關聯，（尤其是從事耕種的婦人），可於下述事實證明出來。即：經濟的發展更進一步之後，夫更變爲家族的重要扶養者，或家族財產的增加者，這就是父族制家族代替母族制家族的位置的事實。又，夫耕作大部分的土地，或變爲漁夫或變爲水夫，又或變爲商人，又或更進一步變爲牧畜者和畜羣的所有者，而從事生產有價値的勞動之後，那婦人在家裏的活動就大大的減少。同時，家族形態也跟着發生變化。夫就變爲家族的家政上的支配者。這時候，妻又移住於夫的家屋，或天幕裏面去，妻和小孩孫子們以及住在夫家的一切人口，和他的妻所帶來的一切人口，都立於夫的權力之下，而構成大經濟的家計。這就是我們在舊約全書上所發見的塞姆（Semisch）人的父族制家族和羅馬的古家族形態，這也是家族發展的一階段。

我們在遊牧民族中，（這種民族，以飼養家畜爲經濟生活的要素），可以發見這種家族形態。這種階段上，那畜羣的看守，飼養，和使用，多半是專屬於男子的勞動範圍。女子的活動和家畜的飼養，沒有直接關係。她們不過採集草根和球莖，養育子女，和在家裏小小勞動罷了。家畜飼養者，如果有確定的住所，（所謂冬季的宿泊所），而且一面飼養家畜，一面耕作田地或園藝的時候，婦人也須協助青年男子去耕種勞動。但婦人的地位，不能說因此就增高了。因爲，這種部族的財產，他的重要價値，還是靠着畜羣；而畜羣又是家畜飼養者男子的所有物。他們供給食料，和產業上的重要物品，如牛肉，牛乳，乾酪，皮革，骨角，和臘等，而農業生產物，不過是補助食料罷了。

這種勞動的分離，（即自然發生的分業，——譯者註）差不多支配了遊牧民文化的全部。例如，南阿非利加的卡斐諸部族，把飼養家畜和與他有關係的一切職業，不看做是男子的義務，却把他看做是不能讓給女子的男子的權利。戰爭，榨乳，和皮骨的加工，造作家畜的槽欄等，都是男子的工作。如果婦人進入牧畜塲裏面去，一定會被處以重刑。反之，那不適於男子的工作，如耕作田地，收穫農產物等的活動，一概委之於女子。柏提阿那（南阿非利加中部保護領地名——譯者）國的男子，用牛拖犂以耕種田土之後，才從事經營農業。但這也是因爲不許婦人和牛接近而來的。加剌和索馬利（Somali 阿比西尼亞 Abyssinia 東部，阿非利加的地名——譯者註）地方，栽培植物，是不愉快的下等職業。有時既婚男子幫助女子耕作，但所幫助的程度也有限得很。

凡飼養家畜的地方，土地是部族或氏族的共有物。但，畜羣形態則無論什麼時候，都是個人的財產，即是家長的財產。因此，在各個家長支配之下，往往變爲財產上發生極端差異的一個集團。因爲，男子的富和勢力，都是以財產多寡爲標準，而他們的財產是由家畜構成的，同時經營農業的部族的財產，也是由家畜構成的。卡斐諸部族中沒有家畜的人，縱然他貯藏了非常多量的穀物和黍麥等，也還是一個無產者。因爲，只有家畜才能購買他所必要的物品。

我們又於亞細亞諸遊牧民族中，發見婦人是同樣的處於從屬地位。凡貝里（H. Vambery）關於中央亞細亞的土耳其諸民族，論述如次：（見該氏著『土耳其民族』第二二六頁）

『……年輕的人從來對於年老的人，——只限於家族中男性的構成員，——非常尊敬。換言之：他們對於老年男子，懷着一種非常嚴格的感情。因爲，子在父前，都常常處於奴隸的地位。……反之，而子對於母，雖出以極冷淡的待遇，也不受社會的批難。……』

牧畜諸民族的男子，把他的妻離婚，或賣給別的男子，也不算什麼一回事。因爲，妻是他用錢買來的，當然是他的所有物。

威廉拉得魯布氏，在他著『從西伯利亞』（萊比錫 Leipzig 一八九三年）第一卷第四八四頁上，關於南西伯利亞巴爾喀什湖（Balkosch See）畔的啓耳基茲（Kirghiz）人，敘述如次：

『大概啓耳基茲地方，婦人對於男子和家計的地位，比鄰舍的阿爾泰卡爾馬克人（Oltai-Kalmucks）還要惡劣些。啓耳基茲人把妻當做是由高價買來（Kalym）的財產。他很嚴格的，而且往往很苛刻的待遇她。我隨時聽見那地方的夫婦間的吵架。啓耳基茲人對於他的妻，很粗暴的，或以極嚴厲的命令口氣，提出他們的要求。……

啓耳基茲人以無子爲大大的不幸。他們結婚許久，沒有生小孩，或沒有生男小孩的時候，他們卽實行一夫多妻制。但所謂年輕的妻的地位比那所謂 Tokal Katyn（所謂 Tokal 是沒有角的牝牛的意味，）的地位，還要可憐些。不用說，男子也比較的愛她，但據啓耳基茲人的習慣，那比她還年長的妻，——一家的主婦——常常吃醋，把她不當做人相待，甚至有時加以體刑，她也非忍受不可。……

……不錯，用錢買來的妻，不但是夫一人的所有物，而且是這家族全體的共有物。兄的妻，有時遺下與弟，做爲弟的財產的相續部分。因此，我有時看見夫死後，嫁與十二歲的小兄弟爲妻的。這種關係，在道德的改良上，當然沒有什麼貢獻。

啓耳基茲人關於家計的主要勞動，也是妻擔任的。一方，夫雖比卡爾馬克人勞動得多，但他的時間的大部分，還是消費於訪問或應酬客人。……」

格羅斯博士在他著『家族形態和經濟形態』（夫賴堡 Freiburg 一八九六年）第一一〇頁上，說述如次：

『一般的說來，妻受夫的壓迫，再沒有比遊牧民族的妻更爲苛刻的。因爲，其他經濟形態絕對沒有給這麼重大的勢力與男子。在遊牧民的心坎裏以爲飼養家畜和從事戰爭都是提高人生價值和品位的兩個重要要素。這兩種要素可以說是男子的權利，同時又是男子的義務。至於婦人方面既不許她飼養家畜，且不許她參加戰爭，更不許她所有任何粗朴的牧畜和惹起掠奪者注意的物品。遊牧民族之澈底的侮蔑待遇女人，於此可見一斑。……』

格羅斯在該書的第一三一頁上，又說道：

『女子的侍奉行爲，雖然和飼養家畜及軍人的行爲，同爲不能缺少的工作，但該地的習慣，還是把男子當做維持和發展社會最重要最有力的要素。遊牧民的富，是由他們的畜羣構成的。而且家畜的飼養，是男子的特權。所以，一切富於價值的財產，都是屬於男子，至於婦人方面，不能所有任何財產物品。所以全無能力對付男子。又，其中想增加畜產的牧畜民，因欲達他增加畜產的目的，就把他的女兒和家畜交換，賣與求婚者，所以女子就和物品一樣，處於男子權力支配之下。這樣的結婚，不過助長那嚴格的父族制家族罷了。……』

父族制家族形態的特徵，是許多血統相同的個別家族，立於一家長指揮之下，一齊住於一個村內，或一連閉鎖的院子（村落，野營，等）裏面，而謀共同生活。我們往往發見：在實行母權制度諸部族（夫到妻的住所去的制度）內，已有由十或十一以上的個別家族構成的家族家計。因爲，婦人一般的都不爲着自己或她的夫創設什麽特別家庭，單只住於家庭的年長女人的親族家裏。她在這裏分配特別寢室給她的夫和子女。但是，『大家族』到了後來，在家長支配之下，才變爲有共同勞動和共同財產基礎的家族團體和經濟團體。

恩格斯在他著『家族的起源』第四二頁上，說明這種家族形態，很是得當，他說：

「……現在確立的男子專制的第一作用，就變爲漸次發生的父族制家族這種中間形態，表現出來了。父族制家族的主要的特徵，並非一夫多妻制。關於這點，擬以後再說。牠的主要特徵，是一羣自由人和非自由人，都在家長的父權之下，組織一個家族。塞姆人的家族形態，是家長多妻的，而非自由人，也有妻子。並且，全組織的目的，是在一定地域之內，牧養畜羣。全組織的本質，是非自由人和父權的合體。這種家族的形態，完全是以羅馬的家族爲典型。家族（Familia）這個名詞，本來不是現代的俗人所理想的，由感情主義和家庭平和所作出來的形態。最初，羅馬人並沒有把家族當做什麼夫婦或兒女關係，只把牠當做奴隸關係。家裏的奴隸就叫做『Famulus』，而所謂『Familia』，是屬於一個主人的奴隸的全體。給雅斯（Gaius）時代，所謂家族，就是相續財產。Familia, id est Patrimonium 可以用遺言去處分他。羅馬人把這個名詞來表示社會上的新組織體，這新組織體的酋長，把妻子和一羣奴隸置於羅馬式的父權之下，然後以對於全構成員的生殺與奪之權去支配他們。……」

古時的血族統制組織，和氏族統制組織崩壞之後，他們的機能，完全歸屬於國家；同時，獨立職業部門的成立，及社會上下階級的分裂等，就漸漸地和大家族及一夫多妻制對立起來。父族的家族團體也瓦解了。他的遺跡，現在還存於巴爾幹半島南斯拉夫族內。

到了中世紀，那父族制度浸潤於中歐和西歐後，又漸漸地變為家族的個別家計（即小家庭）了。因此，現代的一夫一婦家族形態，就代了父族制家族形態的位置。——自然不是說，馬上就成為今日這種一夫一婦的形態。其後，子和他的妻，相率入攝於父家，父死後，長子代理父的命令，升為家長，管理一家事務。這種風習在農民和手工業階級間早已實行了。

因此，以父權為基礎的個別家族，（一夫一婦制家族），在今日還有些不知道家族形態發達史的國家理論家，以為：這種制度是社會和國家的原理，而不知道這是長期間經濟發展的產物。即是根據歷史的和一定社會的職業關係，或所有關係及支配關係的發展的產物。一夫一婦制家族，是一定社會的形成物。因此，今日的社會，如果再變爲更高的社會形態，即變爲社會主義的社會之後，那一夫一婦的家族制度，也當然會跟着發生變化的。據恩格斯的見解，此時個別的結婚，雖可仍舊存在，但這種結婚早已失去過去的，支離滅裂的經濟基礎，而且同時從婚姻的固定性和離婚的不可能性也已解除了。又如現在這種婚姻制度，男子結婚後的優越性，即夫支配妻的事實，也會跟着變爲男女同權了。他在他的名著『家族的起源』第七二頁上，說道：

『從一夫一婦的制度上，能够斷然廢除的東西，就是從財產關係所發生的這種制度的一切特性。那些特性中，第一是男性的優越支配；第二是離婚禁止。婚姻上，男性的優越支配，不過是單純的男性經濟地位優越的結果。如果經濟地位不優越，他的支配地位也當然跟着消滅。離婚禁止的風習有一部分是因一夫一婦制發生當時的經濟狀態而起的；又有一部分是因沒有充分理解這種經濟狀態和一夫一婦制的關係，而根據宗教教義盛行時代的傳統而起的。這種禁止，在今日已是弊貿叢生，萬萬不能繼續下去了。如果只有以戀愛爲基礎的婚姻，才是道義的，那麽，繼續戀愛的婚姻，也當然非道義的不可了。但是，個人性愛發作的持久，各有差異，絕對不能一致，這種現象，在男性方面而更甚。所以夫婦的愛情，積極的終了之後，又或因發生新愛情，而舊愛情被破壞之後，儘可許他們離婚。因爲，離婚無論對於夫婦或社會，都是很有益處的。」

第八章　社會發展過程上的血族團體

摩爾根和恩格斯都是從夏威夷島的卡拿卡八(Kanaken)的親族稱呼法確立他們的集團婚姻理論這實是使他們誤解家族形態血族團體和地域團體的原因——摩爾根把夏威夷的普納魯亞(Punalua)家族認做血族團體的原始形態——這不過是他的推測——摩爾根誤謬的原因——恩格斯所解釋的摩爾根的見解——符號團體的成立和遊牧羣內部結婚禁止的解除——祖先崇拜的發生和符號的神聖化——符號團體是崇拜共同祖神的團體——夏威夷的普納魯亞結婚和摩爾

根所認定的意義及範圍完全不同——在酷似夏威夷人言語的新西蘭毛利人（Maoris）的親族體系內也發見了『普納魯亞』一個名詞——摩爾根以爲夏威夷的親族呼法是普納魯亞結婚的結果這是完全錯了的——摩爾根雖把研究法弄錯了但他對於北美印度人的家族發展過程和血族組織是原原史研究和社會學上很有偉大的貢獻——摩爾根並非符號團體或血族團體的發見者——羅馬國家是從氏族統制組織發生的這也不是摩爾根的發見乃是帕加諾氏發見的

摩爾根和恩格斯的集團婚姻理論，都是從夏威夷島卡拿卡人（Kananaken od. kanakas）的親族稱呼法演繹而來的。這種理論，不但阻止了他們認識家族形態發展的途徑，而且使他們誤認了符號團體的起源，即誤解了以後的血族團體和地域團體的最初形態。或許有人代他辯解，說：摩爾根著作『古代社會』的時候，澳大利亞和大洋洲的結婚及親族關係的研究，還是在文化非常低級的階段，所以他著書的這種研究，是最初給一種刺戟與學界的。

摩爾根把自然構成的血族結婚集團，即所謂夏威夷的普納魯亞（Punalua）家族，認做血族團體的原始形態。他以爲：這種家族，是以母權爲基礎的狹隘共同團體，而且在採用一種符號之間，就會發生血族團體。摩爾根和他的學徒，決不能夠證明：夏威夷部族，或坡里內西亞，（Polynesia）密克羅內西亞（Micronesia）部族，或美拉尼西亞（Melaneia）部族等，無論何處。都是這樣的發生了符號團體或血族團體。摩爾根一回都沒有假設過：普納魯亞家族是如何轉化了符號團體。他在他著的『古代社會』第二部第二章，首先就描寫他在易洛魁人（Irokesen）中所發見的符號團體。

血族團體，是從普納魯亞家族發生的理論。完全是一種無稽之談。因此，摩爾根不得不承認：在那些還沒有普納魯亞結婚形態，和夏威夷人的全文化階段的原始野蠻民族——例如澳大亞利人——中，也能夠發見血族團體的事實。他在他著『古代社會』第二部第一章內，還是承認澳大利亞土人，已有氏族組織。並且斷定他們的社會制度，是『比較現在所有的民族，都要接近原始的形態』。他並沒有詳細的檢查這些最古的制度，只證明澳大利亞人的階級組織，和符號組織，是一種單純的例外，並且不想對於那符號團體加以何種證明，只把牠當做完全未發達的組織，或把牠看做血族團體或氏族的單純的萌芽，其後，又把牠編入普納魯亞家族發展過程的敘述裏面。

摩爾根的最大錯誤，並不是他沒有探求澳大利亞人的符號團體和親族稱呼法，實際上是怎樣制定的；乃是在於他滿足那單純的假說，和不加思索而單採用澳大利亞宣教師斐松的關於從世代階段所發生的，澳大利亞結婚的階級制度的說明。如果摩爾根詳細的研究了這些事實，他就會有次述的認識：即和我在我的著作『澳大利亞土人的親族組織』上所證明的一樣，澳大利亞大陸許多地方的符號團體的編制，業已完全成就了，但也不能夠發見摩爾根氏所承認的親族稱呼法。（這稱呼法尚殘存於摩爾根所說的那種隱藏於普納魯亞家族背後的發展系列裏面），却發見和德拉維達（Dravida）及北美諸部族相對應的命名制度。

恩格斯也不能不承認：許多澳大利亞人的符號團體內有什麼區分。但他解釋摩爾根的見解如次：

「有許多地方的氏族制度，是直接從普魯納亞家族發生的；澳大利亞的階級制度，就是從氏族制度發生的。換句話說：澳大利亞人也有氏族制度。但他們並沒有什麼普魯納亞家族，只有比集團婚姻較幼稚的形態」。

實際上，符號團體因族外婚姻的集團，採用了血族的指標，即符號名稱，（這是澳大利亞的遊牧羣，詳細證明過了的）是從族外婚姻的集團發生的。許多澳大利亞遊牧羣，例如穆勒河口岸畔和因這河所冲積的海岸上的初期拿利居智利遊牧羣，他們遊牧羣的大小

（範圍），和符號團體的大小是一致的。但是，後來因爲要防止近親母系親族間的結婚，就變爲小孩襲用母的符號名稱的習慣。自從有了這種習慣之後，符號團體，就漸漸地和遊牧羣分離，而成爲獨立的族外婚姻的親族集團。小孩還帶着他出生遊牧羣符號名稱的時候，婦人當然把那符號名稱拿到她的夫的遊牧羣裏去；但是，她的符號決不至於繁殖的。年輕的子孫常有同一的符號名稱。羣和符號團體，大概是一致的。至於母親把她的符號，讓給她的兒子之後，那情形就變了。例如，甲遊牧羣的婦人因結婚關係，把甲羣的符號名稱轉移於乙遊牧羣的事情越多，那符號名稱，移轉到他們的子孫隊裏也必定越多。不久，那符號全體就代表一遊牧羣了。例如，有些遊牧羣的構成員，或許屬於「雪」符號，其他幾人，或許屬於「

月」符號，又其他幾人，或許屬於「花」符號，其餘類推。這種狀態，變成一般的原則，無論何種遊牧羣，都是由四至八不等的符號團體構成之後，那自己遊牧羣內部的結婚禁止的規定才廢除了。因爲，這時候的羣，已不是血族團體。至於怎樣的人才可以結婚，仍舊是爲符號的所屬決定之。

實際上，澳大利亞地方，同一符號團體構成員間的關係，極其弛緩。他們只覺得自己是從同一血統所出，而且不許互相性交罷了。於是，那原始的精神，或靈的崇拜，就變爲祖先崇拜；同時，那符號就變爲神聖的有尊敬價值的東西了。以此，遂發生下記的神話：即，據古代的傳說：符號團體的祖先創造血族的時候，曾化做符號獸的形態；再則，祖先的同衾者，也是這種符號獸的形態。又說：死去的祖先的精靈，愛附着符號獸，所以符號團體，無論什麼時候，切不可殺戮那種野獸，或把他做食品，免得激怒他們祖先的精靈。

因此，符號團體，大概就變爲崇拜一種共同祖先神的團體了。（參照拙著「宗教和信仰的起源」第四章「從精神崇拜到符號崇拜和祖先崇拜」）。

摩爾根從普納魯亞家族，演繹出符號團體，正和普納魯亞家族一樣，同是沒有根據的假說。夏威夷諸島固然曾有過一種普納魯亞結婚；但，那種結婚，和摩爾根所認定的，範圍不同，意義各異。夏威夷諸島的普納魯亞結婚的意義，即是那已結婚的男子，許可他的妻和那未婚的弟或從弟，——如果他們能够負擔經營共同家計的義務，——同棲，這是根據古來的習慣而來的。普納魯亞這個字，不外是『共妻同伴』的意味。這個字是從所屬員(Puna)這個字，和第二人或第二列(Lua)這種意義的字結合而成的，因此，Punalua，不外是『第二同伴』，——有性交關係的——的意味。

我們在那和夏威夷人言語極相接近的新西蘭毛利人的親族體系中，也能夠發見『普納魯亞』這種名詞，這是應注意的。十九世紀中葉，新西蘭諸部族差不多還沒有本來意味上的普納魯亞這個名詞。但是，身分較高的男子，往往實行多妻主義。杜和厄部族的男子，呼第一夫人為『Wahine Matua』（母妻），第二夫人為『Punarua』，（精確的說：這個字就是夏威夷人的Punalua；夏威夷語的L多半變為毛利人的R）第三夫人為『Punatol』，第四夫人為『Punawa』。

（參照 Erniston Best 的『毛利人的稱呼法』英國和愛爾蘭人類學會雜誌第三十二卷第二九〇頁）。

摩爾根所謂夏威夷人的親族稱呼法，是普納魯亞結婚的結果，這是完全不對的。夏威夷人的制度中，其他一切名稱，除却「普納魯亞」一字以外，與其說是淵源於普納魯亞集團，毋寧說是淵源於夏威夷人的世代階段和親族組織。這種世代階段，和親族範圍，往往包括普納魯亞集團人數的二十倍乃至三十倍。他們叫兩親為『Makna』，夫為『Kane』，妻為『Wahina』，小兒為『Keiki』……這種理論，凡那共妻團體，即集團婚姻關係存在的地方，都可以通用。

摩爾根的研究方法雖然錯了，但他的北美印度人家族發展過程和血族組織的研究，對於原史研究和社會學的貢獻，可是不少。因為，他研究易洛魁人的符號團體時，把羅馬的氏族和希臘的Genea，以及日耳曼的百人團體等的古代發展原型，都告訴我們了。因之對於原始時代社會組織，和國家未成立前，希臘羅馬的氏族制度的基礎，與以最有價值的結論。不但解決了原史家所未解決的疑問，並且因他闡明了親族體系的蒐集和親族體系的意味，又促進了空前的人種學的和前史領域的研究熱。俗語說得好：「天才研究家錯謬了的假說，比那微小的正確觀察，還要能夠促進科學的研究。」我就是這句話來批評摩爾根能。恩格斯也在他著的「家族的起源」上把那最初不大惹人注意的摩爾根的研究，普遍的介紹了，並且刺戟了法國社會民主黨的原史問題的研究，在這一點，恩格斯也不為無功了。

不用說，摩爾根並非如恩格斯所意想的符號團體，或血族團體的發見者。摩爾根以前，已有許多人種學者論過這些團體。尤其司庫爾克拉夫特氏，在他的六卷大著「關於合衆國印度人部族的歷史，生活狀態及希望之歷史的和統計的報告」裏面，往往說及。但是，他把符號團體解爲副次的，稀少的聯合。並且他沒有理解符號團體和羅馬氏族的關係，以及符號團體對於國家成立以前社會生活的意義。到了摩爾根，才了解符號團體，和以後的氏族及德意志百人團體原始形態的意義。我們必須承認以下的事實：即，摩爾根往往把他在易洛魁族所發見的血族團體看得太重，並且在那團體中，發見了受一定文化支配的組織，如果他觀察了那組織前後的形態，那麼，當然會理解牠的歷史的意義。所以，把血族團體的前後形態的研究都完全放棄了。他的易洛魁人的氏族和羅馬人的氏族之間，有一種不可逾越的溝渠。但是，他關於古墨西哥部族和古祕魯部族的氏族，——正和後來的血族團體，變爲閉鎖的，堅固的領上團體，經濟團體，和祖先崇拜團體的一樣，——到證明得很詳細。

一八八〇年，班得利爾氏發表關於「社會組織和古墨西哥的統治方法」的研究時，摩爾根也並不覺得他自己的研究尚不充分，反在他所著——關於該書的公刊雖說了幾句話，——『美國土人的家族和家庭生活』裏面，表示很滿意的樣子。

羅馬國家是從克里爾和氏族的部族編制，即氏族的統制組織發生的。這也不是摩爾根所發見的。發見者是帕加諾氏。（參照該氏所著『De Saggi Politiei del civile corso delle nazioni』）據帕加諾的見解：古代一切大國家，都是從政治的，親族的，統制組織，卽從血族團體，州郡團體和部族團體發生的。

第九章　恩格斯的原史構成和唯物史觀

恩格斯的各種著作中最受社會攻擊的就是『家族，私有財產！及國家的起源』一書——批評恩格斯的多半是政治家國民經濟學者或歷史家，——馬沙里克（T. G. Masaryk）教授的獨斷的批評——馬沙里克不承認一定時期在一定條件之下家族發展過程中有母權或母族制的事實——馬沙里克把母權和今日未婚婦人對於非親生的小孩所有的地位互相比較——對於馬沙里克的批評——許多研究家把摩爾根所說的都學得了把他的觀察材料都吸收了但他們如今却說摩爾根的假說不對——馬克斯主義者從前因尊崇恩格斯的說明而擁護摩爾根的家族構成論到了現在也把牠棄却了——摩爾根的家族構成論誘引恩格斯計劃唯物史觀的『補足』——恩格斯著『家族的起源』的序文——恩格斯所說的『生活資料的生產』和『人類的生殖』不過是名詞上的類似——生活資料生產的發展所適應的人類生產的發展是沒有存在的——理解馬克斯唯物史觀的人都苦於不能了解：爲什麼恩格斯把『人類的生殖』和經濟發展的獨立要素看做同等的東西——恩格斯就是這樣的破壞了唯物史觀的統一性——恩格斯把『人類的生殖做爲新『決定要素』把牠加入經濟方法裏面就心滿意足——因此馬克斯主義的新反對

者當然會攻擊這種缺點起來。

恩格斯的諸著作中，最受社會攻擊的，就是「家族私有財產及國家的起源」一小書。尤其，最初二章，關於有史以前的文化階段和家族理論等，是社會攻擊的焦點。不用說，批評家多半是政治家，國民經濟學者，或歷史家。他們的人種學上的知識，淺薄得很，所以他們的批駁，大都是缺少正確的理論根據。例如馬沙里克（T. G. Masaryk）教授，以獨斷的論調，來批駁恩格斯。他完全沒有說及親族體系，結婚形態，和符號團體組織等，只說摩爾根和恩格思的說明，是人工的，無理的，或蓋然的。他不承認一定時期，在一定條件之下，家族發展過程中有母權或母族制度的事實。他說：（參照「馬克斯主義之哲學的和社會學的根據」第三四〇頁以下）

恩格斯採用了達爾文（Darwin）的進化論；而且他最初的亞當，（Adam人類的始祖）。還是住在樹上的；——如果我們從動物推測，那麼，原始人類當然不是共產主義的生活。尤其性的嫉妬，至少也在那比較的高等動物中，已是完全發達了的。反之，恩格斯所說的，都沒有確實的根據。如果我們更進一步，考察原始人類，尤其人間，（據恩格斯的用語），是非常好勇鬥很的男子，常以腕力征服女子，並且女子因隨時生產小孩和授乳關係，不能參加公的生活，——一部分是因爲姙娠，至少在他的最後期間，和月經時期，不能參加公的生活，——那末，恩格斯所說的母族制，就不成問題了』。

實際上馬沙里克又把母權和今日未婚婦人對於非親生的小孩所

占的地位，互相比較。馬沙里克雖曾說及格羅斯味斯忒馬克（Westermarck）等，關於摩爾根的家族構成，和恩格斯所處的地位不同。而且他很喜歡誦讀我從前反駁恩格斯的各種論文和著書，但他在這種地方，只看見上述各著作家的表面，而不理解他們的根本見解，和研究方法的差異，以及他們的科學的動機。換句話說，至少我也認定馬沙里克教授沒有正確的解釋我的說明。

這種不根據學理的批評，當然不能使社會學者和人種學者，否認摩爾根和恩格斯從親族稱呼法所演繹出來的結論。許多研究者，把摩爾根所說的都學得了；又把他的觀察材料都吸收了；但他們如今都說摩爾根的主張不對。在這種範圍內的德國研究家中，我所知道的，只有最近死去的法律家科拉(Joseph Kollar)教授，是從純形式的理由，固執摩爾根的推論成最後的一人。再則，最近十年間，研究印度諸部族的結婚形態，和親族形態的美國人種學者，沒有一人是完全贊成摩爾根的家族構成理論的。因此，從前因尊崇恩格斯的見解，而擁護摩爾根的家族構成理論的馬克斯主義者，到了現在也把這種理由棄却了。摩爾根的家族構成論，只能適應那原始社會生活中某種形態，因此，對於馬克斯的社會觀全體，只有從屬的意義。復次，這種家族構成論，又引誘了恩格斯，使他去嘗試唯物史觀的『補足』。其實，這種補足作用，把唯物史觀的內部構造一齊破壞了。例如，恩格斯不能說明原始親族稱呼法，是如何發生，反把那稱呼法的起源，當做從一種先天的嫌惡近親血族間的性交，即多少從自然的素質所發生的。所以他彷彿把『人類生殖』更正確的說來，即把性交的方法和態樣，當做是社會生活的決定要素，和經濟方法平行並列的一樣。他著的『家族的起源』序文中有下記的一段：

『據唯物論的見解：歷史上最終的決定要素，是直接生活的生產和再生產。但，這生產還有兩種方法：一方是生活資料，即衣，食，住，的目的物的生產，和生產他們所需要的器具的生產；他方，是人類本身的生產，即人種的繁殖。社會制度，是歷史上一定時代一定國土的人類所依以為生的規範。因此，社會制度也是依這兩種生產而發生的。即一面依勞動的發展階段，一面依家族的發展階段而決定的。勞動的發達越幼稚，勞動生產物的數量，即社會的財富越稀少，那血族結合，更表現能夠支配社會的秩序。然而，在那以血族結合爲基礎的社會組織之下，勞動的生產性愈加發達，同時又發生私有財產，交易，貧富不均，和搾取他人的勞力等種種現象。因之，階級對立的基礎也發達起來。這些社會的新要素，從古以來就努力使舊有社會組織適合於新事情。但，最後還是兩者不能調和，因此只有發生根本的變化了」。

恩格斯在這篇序文上把「生活資料的生產」，和「人類的生產」擱在一處，是根據語詞上的類似而來的。換句話說：兩句話中，都有「生產」(Erzeugung)這種字樣。所以，他把牠們放做一起。再則，人類的生殖和使用目的物的生產，即消費物品的製造行爲，和生殖，及生產行爲，完全沒有什麼關係。人類生產的發展，決沒有適應於生活資料生產的發展的。人類一天一天的發展，那生產過程和使用於生產過程的生產手段，和從生產過程所生的生產物相同，不斷的變更發展。而且生產全部是跟着一定社會法則而運轉的。他方，人類的生殖，——性交，胎兒，胎兒的形成，——是常以同一方法，根據同一自然法則，依同一手段而實行的。然則，生殖或生產行爲變更到何種程度呢？跟着社會的發展而變更的，並不是這些行爲的本身，乃是過去和未來繼續變更的種種事情（環境）。所謂社會上種種事情，如結婚，締結，性的同棲，夫婦互相間，和他們對於子女的地位，分娩時所用種種習慣等，都不是依同一自然法則而決定，乃是依社會統制組織而決定的。而社會統制組織，又是依歷史上經濟的發展狀態而決定的。生殖和出產行爲上所實行的習慣，並不能決定社會生活，而社會生活，反到決定那些習慣。

理解馬克斯唯物史觀的人，都苦於不能理解：恩格斯爲什麼把「人類的生殖」和經濟發展的獨立要素互相並列，看做是同等的東西。恩格斯因爲不知道：原始遊牧羣男女的關係，是依他們的經濟活動而決定；換句話說：女子決不是單只滿足男子的性慾衝動的，她也是一種勞動力，並且她在母族制家族和血族團體裏面的地位，是依她維持團體全體生活的重要性而決定的。恩格斯不知道這種事實，所以他就在那獨立的性質和觀念裏面，去找求原始家族制度的動機。他並且以爲這種性質和觀念，是依產生小孩，養育小孩，而完成的。因此，把牠當作是一種獨立要素，和經濟的發展平行並列，互爲獨立而作用於社會。

恩格斯就是這樣的把唯物史觀的統一性完全破壞了。因爲，詳細的觀察起來、如果把性交和經濟方法，看做是對等的東西，那麼社會生活，只有一部分是依經濟方法決定，其他一部分，是依性的生活而決定的了。然則，那一部分是經濟方法的決定要素，那一部分是人類的生殖的決定要素呢？換言之：這兩個要素，有什麼特殊的作用範圍呢：又或把這種決定範圍的問題，委之於觀察社會發展的人，隨他的意思，或依當時的外部情形如何，把前者或把後者做爲唯一的或主要的決定要素嗎？這到是自由得很。但是，如果說各要素各有他的特殊的作用範圍，那麼，那範圍又是怎樣決定的呢？換句話說：這兩種要素，又是怎樣的互相限定的呢？並且他們互相的影響如何，互相牽制互相補足的程度又如何呢？

據上述看來，就必定會發生一問題：即唯物史觀到底可以失去歷史的因果律的意義而變爲伸縮自在的任意的歷史實驗物嗎？這種問題，非解決不可。恩格斯決沒有提出過這種問題，至於解答，更不消說了。他只把『人類的生殖』，做爲新『決定要素』，把牠加入經濟方法裏面，並不考察他的結果，就算滿足了。

因此，馬克斯主義的新反對者，當然會攻擊這種缺點起來。但這也並非他們所發見的。這是我在我著『母的支配之經濟的根據』一論文的序文上所指摘出來的。其後，馬沙里克在他的『馬克斯主義之哲學的和社會學的根據』第三四二頁以下，就採用了我的批評。而罕麥赫爾氏又從馬沙里克氏借用了，來反對馬克斯主義。我以爲這都是恩格斯一人的責任。（參照『馬克斯主義之哲學的經濟的體系』第二五七頁）。

一七，十，二九，脫稿。